LONDON

SHERLOCK HOLMES'

LOGIKRÄTSEL

GEGEN DIE UHR

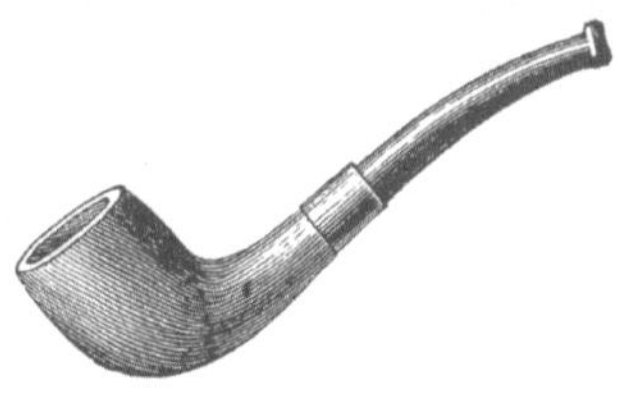

Sherlock Holmes'

Logikrätsel

gegen die Uhr

Dan Moore

Originaltitel: Sherlock Holmes'
Beat-the-Clock-Puzzle Collection
Autor: Dan Moore

Konzipiert und produziert von:
Quarto Publishing plc,
ein Imprint der Quarto-Gruppe
The Old Brewery
6 Blundell Street
London N7 9BH

Redaktion: Caroline West
Projekt-Redaktion: Claire Waite Brown
Design: Hugh Schermuly
Deputy art director: Martina Calvio
Art director: Gemma Wilson
Herausgeberin: Samantha Warrington

Quarto dankt den folgenden Bildlieferanten von Shutterstock.com für die Bereitstellung von Bildmaterial für dieses Buch: Andrey_Kuzmin; Andriy Kananovych; annamiro; AVA Bitter; Babich Alexander; barbaliss; Berka7; Black Creator 24; Bodor Tivadar; Bratishko Konstantin; carmelod; Channarong Pherngjanda; Christos Georghiou; Danussa; Epifantsev; Fourleaflover; HodagMedia; HQ Vectors Premium Studio; IgorGolovniov; K3Star; KETPACHARA YOOSUK; kramynina; krcil; Kseniakrop; LeoEdition; lynea; Marzolino; michelaubryphoto; MoreVector; Morphart Creation; NataLima; Nattle; Navalnyi; Nebojsa S; netopaek; Oleg Golovnev; Prachaya Roekdeethaweesab; pukach; RealVector; revers; Roberto Castillo; Roberto Castillo; Ryzhi; Siaivo; Slonomysh; Svetlana Guteneva; Tatiana Prikhnenko; Viktoriia_P; Vintage Vectors Studio; Zdenek Sasek
Dank ebenfalls an archivist2015/Alamy Stock Photo
Alle anderen Illustrationen mit freundlicher Genehmigung von Dover Books

Deutsche Übersetzung: ARTHISTICO Holger Möhlmann
Redaktion: Oliver Christian Weber

Gedruckt in China

ISBN 978-3-625-19093-6

www.naumann-goebel.de

INHALT

★ ★ ★

EINLEITUNG

★ ★ ★

Der von Sir Arthur Conan Doyle erfundene Detektiv Sherlock Holmes ist eine der bekanntesten literarischen Figuren aller Zeiten. Fast jeder kennt den Namen und weiß, dass Sherlock ein Detektiv ist. Dabei ist es egal, ob man die Bücher gelesen oder eine der vielen auf den Romanen und Kurzgeschichten basierenden Film- oder Fernsehversionen gesehen hat. Die Geschichten bei der Vorbereitung und Erstellung dieses Rätselbuchs erneut zu lesen, war jedenfalls eine große Freude für mich.

Der andere berühmte Name, der es aus den Büchern in die Populärkultur geschafft hat, ist der des Dr. John Watson, Sherlocks treuem Freund und Helfer, der von Sherlocks Abenteuern berichtet und von seinen vielen Erfolgen beim Lösen ungewöhnlicher Fälle. Sherlocks Erfolge stehen oft im krassen Gegensatz zu den Bemühungen der Polizeibeamten, die die Fälle untersuchen. Holmes hält nicht viel von diesen Männern, da sie zu viele Fehler machen: Nur allzu oft ziehen sie falsche Schlüsse oder nehmen die oberflächlichen Fakten eines Verbrechens für bare Münze, anstatt sich jener besonderen Mischung aus Logik und Um-die-Ecke-Denken zu bedienen, der Sherlock seine einzigartigen Erfolge verdankt.

Die Rätsel in diesem Buch beziehen sich zumeist auf Handlungen und Figuren aus den Sherlock-Holmes-Büchern, und manchmal ist es hilfreich, die Story zu kennen, um die richtige Antwort zu finden. Doch ist es keinesfalls nötig, all diese Geschichten auswendig zu kennen, um die Rätsel zu lösen, und es entsteht Ihnen kein Nachteil, wenn Sie sie nicht gelesen haben.

In welcher Reihenfolge Sie die Rätsel lösen, bleibt ganz Ihnen überlassen, denn jedes Rätsel steht unabhängig für sich. Es gibt verschiedene Kategorien wie etwa Gedächtnistraining, Mathematik, Problemlösung, Logik, Wahrnehmung oder Um-die-Ecke-Denken.

Neu in diesem Buch ist, dass zu jedem Rätsel eine Zeitvorgabe gehört, die es zu unterbieten gilt. Für die schnellsten Rätsel sind 30 Sekunden angesetzt, für die anderen eine, zwei, fünf oder zehn Minuten. Wenn Sie gern gegen die Uhr antreten, wird Ihnen dieses zusätzliche Element sicher gefallen, und sollten Sie die Zeitvorgaben einhalten oder sogar unterbieten, dann herzlichen Glückwunsch! Möchten Sie die Rätsel aber lieber in Ruhe lösen, können Sie die Zeitvorgaben auch einfach ignorieren und so schnell oder langsam vorgehen, wie Sie wollen.

Zwei der Rätsel sind besonders schwierig. Für sie gibt es keine Zeitvorgabe, und die dazugehörigen Lösungen finden Sie ganz hinten im Buch auf einer versiegelten Seite. Die Lösungen zu allen anderen Rätseln sind nach Seitenzahlen geordnet. Zu den meisten Rätseln gibt es nur eine richtige Antwort, doch bei einigen aus der Kategorie Um-die-Ecke-Denken sind mehrere möglich. Die Lösungen sind in solchen Fällen also nur Vorschläge, und vielleicht fallen Ihnen zu diesen Denksportaufgaben ja ganz andere Erklärungen ein, die genauso plausibel sind.

Zum Schluss noch ein Rat, den Sherlock Holmes selbst all denen gibt, die gern Rätsel lösen. In *Das Haus bei den Blutbuchen* sagt er:

„Verbrechen ist häufig. Logik ist selten. Deshalb sollte man sich mehr mit der Logik als mit dem Verbrechen befassen.“

Ich wünsche Ihnen viel Spaß beim Lösen der Rätsel in diesem Buch und beim Trainieren Ihrer logischen Fähigkeiten.

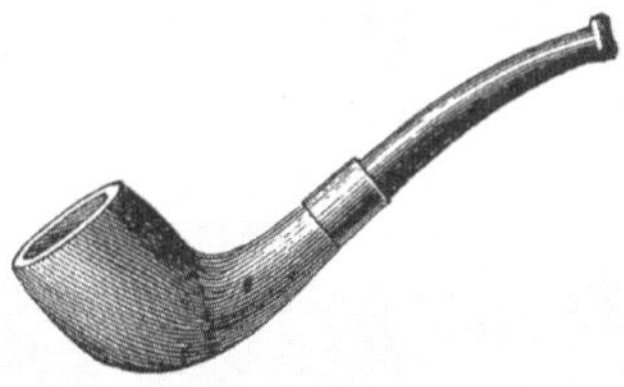

5-MINUTEN-RÄTSEL

BLIND DATE

Problemlösung

★ ★ ★

Sherlock Holmes befand sich in einem ziemlichen Dilemma! Ein Auftraggeber wollte mit ihm in Kontakt treten, weigerte sich aber, per Brief zu kommunizieren oder dem großen Detektiv seine Adresse zu geben. Stattdessen sandte er eine Droschke, um Mr Holmes abholen zu lassen, und wies den Kutscher an, dem Detektiv vor der Abfahrt die Augen zu verbinden. Da dieser den Verdacht hegte, es könne sich hierbei um einen raffinierten Trick seiner Erzfeinde handeln, versuchte er, sich die Fahrtroute der Droschke zu merken. Sein Verdacht bestätigte sich, als er am Ende bemerkte, dass man ihn einmal im Kreis herumgefahren hatte, und er nahm an, dass seine Feinde ihn nur für eine Weile aus seinem Haus in der Baker Street hatten herauslocken wollen.

Können Sie anhand des Rasters die Route der Droschke rekonstruieren? Dabei müssen Sie bei jedem Feld herausfinden, ob es von der Kutsche durchquert wurde oder nicht. Die Kutsche kann ein Feld geradeaus passieren, im Feld rechtwinklig abbiegen oder das Feld umfahren, weil es ein Schlagloch enthält. Felder mit einem Pfeil und einer Zahl weisen darauf hin, wie viele Felder in Pfeilrichtung Schlaglöcher enthalten und deshalb markiert und von der Kutsche gemieden werden müssen. Felder mit Schlaglöchern dürfen einander horizontal und vertikal nicht berühren, was bedeutet, dass alle sie umgebenden Felder auf der Strecke der Kutsche liegen. Doch nicht auf alle Schlaglöcher wird durch Pfeile hingewiesen. Einige von ihnen müssen Sie selbst finden. Als Hilfe sind ein Schlagloch sowie der Start- und Endpunkt der Route bereits eingezeichnet.

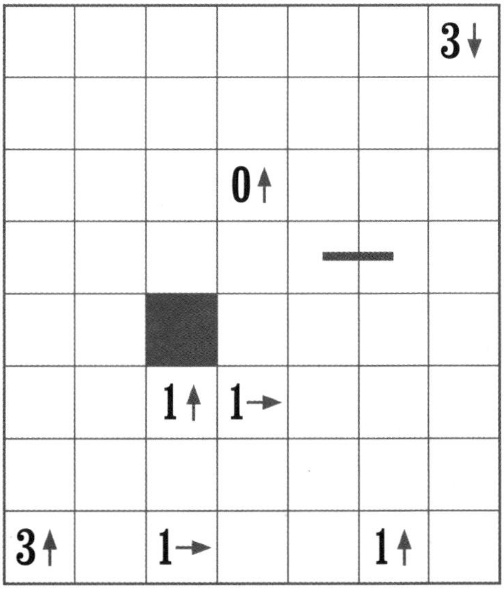

30-SEKUNDEN-RÄTSEL

MORD AM FEDERVIEH

Mathematik

★ ★ ★

Um sich von der täglichen Mühsal in der Stadt ein wenig zu erholen, verbrachte Watson ein Wochenende auf einem Bauernhof. Dessen Besitzer hatte normalerweise immer gute Laune, doch dieses Mal war er auffallend mürrisch. Als Watson nach dem Grund fragte, erzählte der Bauer von seinem aussichtslosen Kampf gegen einen Fuchs, der jede Nacht ein paar seiner Hühner tötete, egal wie sehr er versuchte, sie zu schützen.

In der ersten Nacht hatte der Fuchs vier Hühner getötet. In der nächsten Nacht waren es fünf, in den folgenden Nächten dann acht, neun, zwölf und dreizehn. Wie viele Hühner dürften es in der darauffolgenden Nacht gewesen sein?

ROTHAARIGE MÄNNER

Logik

★ ★ ★

Die geheimnisvolle Liga rothaariger Männer war bereit, neue Mitglieder aufzunehmen. Doch es stellten sich so viele Bewerber vor, dass es kaum möglich war, alle Anträge zu bearbeiten, und so gerieten in der Verwaltung ein paar Details zu einzelnen Bewerbern durcheinander.

Können Sie anhand der unten stehenden Hinweise eines Mitglieds, das sich an einige dieser Details erinnert, die genaue Haarfarbe und den Beruf eines jeden der drei Kandidaten herausfinden? An Haarfarben gibt es Hellrot, Feuerrot und Dunkelrot, die Berufe sind Arzt, Assistent und Pfandleiher. Versuchen Sie, das Rätsel im Kopf zu lösen, und tragen Sie die Lösung in die Tabelle ein.

„Ich bin mir sicher, dass Jabez Wilson kein Assistent ist, denn ich erinnere mich, dass er sagte, es würden Leute für ihn arbeiten. Duncan Ross ist kein Pfandleiher, denn er hat's nicht so mit Zahlen. Vincent Spaulding und Mr Ross hatten rote Haare, aber sie waren nicht feuerrot, und Mr Spaulding erwähnte, dass er in einem Krankenhaus arbeitet und Patienten behandelt. Ich bin mir sicher, dass seine Haare nicht hellrot waren.“

Name	Haarfarbe	Beruf
Duncan Ross		
Jabez Wilson		
Vincent Spaulding		

5-MINUTEN-RÄTSEL

DER GROSSE SUMPF VON GRIMPEN

Problemlösung

★ ★ ★

Das ist der große Sumpf von Grimpen“, sagte er. „*Ein falscher Schritt bedeutet Tod für Mensch und Tier. Erst gestern sah ich eines der Moorponys in den Sumpf gehen. Es kam nicht zurück.*“

Holmes und Watson müssen sehr vorsichtig sein, wenn sie im Sumpf von Grimpen überleben und das Rätsel um den Hund von Baskerville lösen wollen. Können Sie anhand des Rasters herausfinden, wo die gefährlichen Löcher sind, die die beiden vermeiden müssen, um den Sumpf sicher zu durchqueren?

Die Ziffern stehen für die Anzahl der Sumpflöcher in den (auch diagonal) angrenzenden Feldern. In den Feldern, die eine Zahl enthalten, befinden sich keine Sumpflöcher.

					1	2			0
	2		3				4		
			2						
1		2	2		3				1
	3		3			1	1		1
		2					0	1	
	1				2	2			
			1					1	
		2			1		0		1
1	2								

2-MINUTEN-RÄTSEL

WO SIND SIE, WATSON?

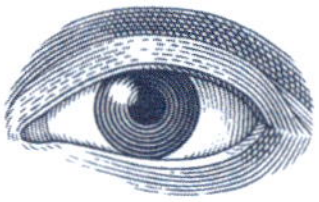

Wahrnehmung

★ ★ ★

Jemand hatte heimlich einen mysteriösen Brief unter der Tür des Hauses Baker Street 221B hindurchgeschoben. Für Sherlock Holmes war dieses Schreiben von größtem Interesse. Er war ganz begeistert von den Informationen, die es enthielt und hätte gern sofort mit der Arbeit an dem Fall begonnen, als ihm klar wurde, dass er hierzu die Hilfe seines Freundes Watson benötigen würde. Doch der war unauffindbar! Können Sie das Wort „Watson" im Buchstabenraster entdecken? Es steht dort nur einmal, doch können die Buchstaben horizontal, vertikal oder diagonal sowie vorwärts oder rückwärts angeordnet sein.

WATSON

W	W	W	S					O	A	O	O					S	W	N	T
A	O	A	S					A	O	O	O					A	S	T	A
T	A	T	T					W	S	O	O					O	A	T	N
S	O	O	O					W	T	A	A					W	O	W	W
A	A	N	N					A	A	T	T					O	A	N	S
N	T	S	T					A	W	S	S					A	O	W	T
W	W	O	A					A	W	A	N					W	O	A	O
A	N	T	S					N	W	A	W					N	W	O	S
A	N	N	N					A	S	O	T					A	T	O	A
S	W	W	S					W	N	S	A					A	O	A	N
T	O	W	O	A	S	N	S	W	A	W	W	T	W	T	O	T	N	O	O
S	W	A	T	S	O	T	S	W	W	S	S	T	T	S	S	W	S	A	N
S	O	A	N	O	W	T	N	O	T	S	A	W	T	T	A	T	S	A	S
W	N	A	W	N	S	T	S	O	S	O	S	A	T	S	A	A	W	T	O
T	W	T	N	W	W	S	O	S	A	N	A	W	T	W	S	A	W	A	O

2-MINUTEN-RÄTSEL

SCHNELLE PFERDE

Gedächtnistraining

★★★

Schauen Sie sich die folgende Liste an, in der die Pferde aufgeführt sind, die beim Wessex Cup antreten. Prägen Sie sich den Inhalt der Liste eine Minute lang ein und beantworten Sie dann die unten stehenden Fragen, ohne nochmals auf die Liste zu schauen.

1) *Boxer* von Colonel Wardlaw (rosa Mütze, blauschwarze Jacke)
2) *Desborough* von Lord Backwater (gelbe Mütze und Ärmel)
3) *Silberglanz* von Colonel Ross (schwarze Mütze, rote Jacke)
4) *Iris* vom Herzog von Balmoral (gelbe und schwarze Streifen)
5) *Rasper* von Lord Singleford (violette Mütze, schwarze Ärmel)

FRAGEN

1) Wem gehört *Silberglanz?*

2) Auf welchem Pferd reitet ein Jockey mit rosa Mütze?

3) Wem gehört das Pferd, das als Fünftes startet?

4) Wem gehört das Pferd, dessen Jockey gelbe und schwarze Streifen trägt?

5) Wie heißt das Pferd von Lord Backwater?

10-MINUTEN-RÄTSEL

ERHEBEN SIE SICH, SIR SHERLOCK

Problemlösung

★★★

In Anerkennung seiner unschätzbaren Dienste bei der Verbrechensaufklärung im viktorianischen England beschloss Watson, Sherlock Holmes für den Ritterstand vorzuschlagen. Können Sie das folgende Rätsel lösen, bei dem es um eine andere Art Ritter geht, nämlich um den Springer beim Schach? Pro Zug kann sich diese Figur zwei Felder in horizontaler und ein Feld in vertikaler Richtung fortbewegen oder zwei Felder in vertikaler, gefolgt von einem Feld in horizontaler Richter. Dabei darf der Springer jedes Feld im Raster nur einmal besuchen. Das Feld, auf dem der Springer startet, und das, auf dem er am Ende landet, sind farblich hervorgehoben, und auch einige andere Felder sind nummeriert, um Ihnen bei Ihren Zügen zu helfen. Können Sie hieraus den Weg des Springers über das Raster ableiten und die fehlenden Zahlen zwischen 1 und 100 in die leeren Felder eintragen?

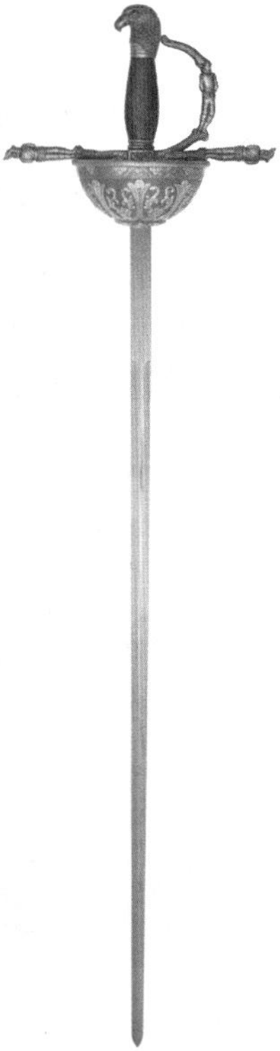

25	84			23	80	43		21	18
28	3				1			42	
		85							20
	29			96			77	14	
			92	75	98	63	94		
	5	68		90		76	73		13
	66	89	60						
	33		65	100		70	49		39
57	54	35	8		52		10	47	
								38	

2-MINUTEN-RÄTSEL

VON TÜR ZU TÜR

Logik

★ ★ ★

Eines späten Abends waren Holmes und Watson auf der Suche nach einem Verbrecher, von dem es hieß, er verstecke sich in der Abbey Street in einem Haus mit gelber Eingangstür. Doch die neu aufgestellten Straßenlaternen funktionierten noch nicht, und so fiel es ihnen im Dunkeln schwer, das richtige Haus auszumachen. Es musste eines von sieben nebeneinanderliegenden Häusern sein, die sie von der anderen Straßenseite aus beobachteten. Können Sie anhand der folgenden Hinweise die Farbe jeder einzelnen Tür bestimmen und auf diese Weise herausfinden, welches der Häuser eine gelbe Tür hat? Die Türfarben sind Braun, Grün, Rot, Weiß, Schwarz, Gelb und Blau – ohne dass diese Reihenfolge etwas aussagt.

Das am weitesten rechts stehende Haus hatte eine braune, schwarze oder blaue Tür.

Die Tür des Hauses in der Mitte war am dunkelsten von allen.

Die rote Tür befand sich zwei Häuser rechts von der blauen Tür.

Mit der Farbe, die eine Mischung aus Blau und Gelb ist, war die Tür neben dem Haus mit der schwarzen Tür gestrichen.

Die hellste Farbe zierte die zweite Tür von links.

AUF LEBEN UND TOD

Logik

★★★

Sherlock Holmes wartete in der Baker Street auf einen möglichen neuen Klienten, der ihm in einem Brief, der mit der Morgenpost gekommen war, einen äußerst seltsamen Fall geschildert hatte. Als er schließlich eintraf, sagte der potenzielle Auftraggeber zu Sherlock, er sei ein sehr reicher Mann und werde ihn für seine Dienste großzügig entlohnen. Doch um ihn auf die Probe zu stellen, bat er ihn, folgende Denksportaufgabe zu lösen. Falls Sherlock sofort die richtige Antwort wisse, sei ihm der Auftrag sicher. Kommen Sie in einer Minute auf die Lösung und können den Wochentag nennen, an dem der Freund des potenziellen Auftraggebers starb?

„Mr Holmes, der Tag, der auf den folgte, an dem mein Freund getötet wurde, war weder ein Freitag noch ein Samstag. Der Tag vor dem Tag, an dem er zu Tode kam, war weder ein Samstag noch ein Sonntag. Und der Tag, an dem er starb, war weder ein Samstag noch ein Dienstag. Also, Mr Holmes, – an welchem Tag stand mein Freund vor seinem Schöpfer?“

2-MINUTEN-RÄTSEL

DAS PUZZLETEIL

Wahrnehmung

★ ★ ★

Während einer Tatortbegehung im Haus von Lord Robert St. Simon hat Lestrade aus Unachtsamkeit eine kostbare Vase zerschlagen. Die meisten Scherben konnte er wieder zusammensetzen, doch eine Lücke ist geblieben. Können Sie, bevor der Lord zurückkehrt und Lestrade sein Missgeschick zugeben muss, herausfinden, welche der Scherben (A–F) von ihrer Form und Größe her das Loch schließt?

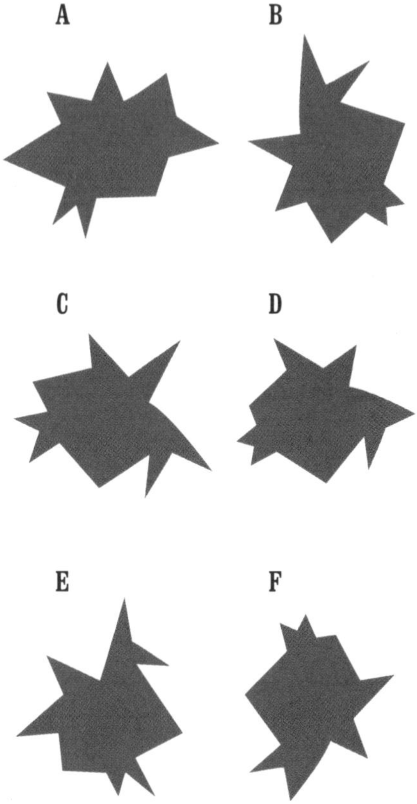

AUF DER FLUCHT

Problemlösung

★ ★ ★

Auf dem Gelände des Blutbuchenhauses werden Holmes und Watson von einem hungrigen, frei laufenden Hund verfolgt. In der Hoffnung, ihn abzuschütteln, betreten sie den kunstvollen Irrgarten des Anwesens. Können Sie ihnen den richtigen Weg durch das Labyrinth weisen, sodass die beiden am Ende in Sicherheit sind und mit ihren Ermittlungen fortfahren können?

60-SEKUNDEN-RÄTSEL

STÜRMISCHE NACHT

Um die Ecke gedacht

★ ★ ★

Watson wollte gern seine Fähigkeiten im Um-die-Ecke-Denken verbessern. Als er in der Zeitung auf eine Serie entsprechender Rätsel stieß, beschloss er, es mit ihnen aufzunehmen. Können Sie ihm helfen, die folgende Aufgabe zu lösen?

Eine Familie besitzt einen renommierten Milchbauernhof mit zwei Dutzend Kühen. Doch in einer schicksalhaften Nacht geht ein Hurrikan über den Hof hinweg, und alle Kühe sterben – bis auf fünf Paar. Wie viele Kühe hat die Familie am nächsten Morgen also noch?

2-MINUTEN-RÄTSEL

WIE VIELE STERNE?

Wahrnehmung

★ ★ ★

Ohne Zweifel ist Sherlock Holmes unter den Figuren, die Arthur Conan Doyle kreiert hat, der am hellsten leuchtende Stern. Schauen Sie sich nun das Sternenraster an und versuchen Sie, innerhalb von zwei Minuten alle fünfzackigen Sterne zu zählen. Die Antwort hat etwas mit den Sherlock-Holmes-Geschichten zu tun.

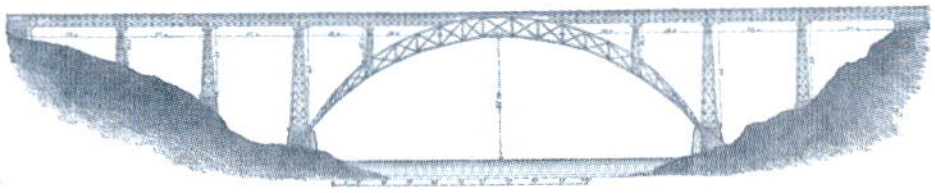

BRÜCKEN BAUEN

Problemlösung

★ ★ ★

Voller Ungeduld wartete Mycroft Holmes darauf, dass sein Bridge-Partner im Club auftauchte. Er beschloss, sich mit der folgenden kleinen Denksportaufgabe abzulenken, bei der es um Brücken geht. Können Sie sie in weniger als fünf Minuten lösen?

Die Kreise stehen für Inseln. Zeichnen Sie nun Brücken zwischen den Inseln ein, und zwar müssen immer exakt so viele Brücken von einer Insel abgehen, wie im Kreis angegeben. Zwischen zwei Inseln darf es nie mehr als zwei Brücken geben. Es muss am Ende möglich sein, über die Brücken von einer Insel zur anderen zu gehen und dabei alle Inseln zu erreichen. Die Brücken dürfen nur horizontal oder vertikal verlaufen und dürfen einander nicht kreuzen.

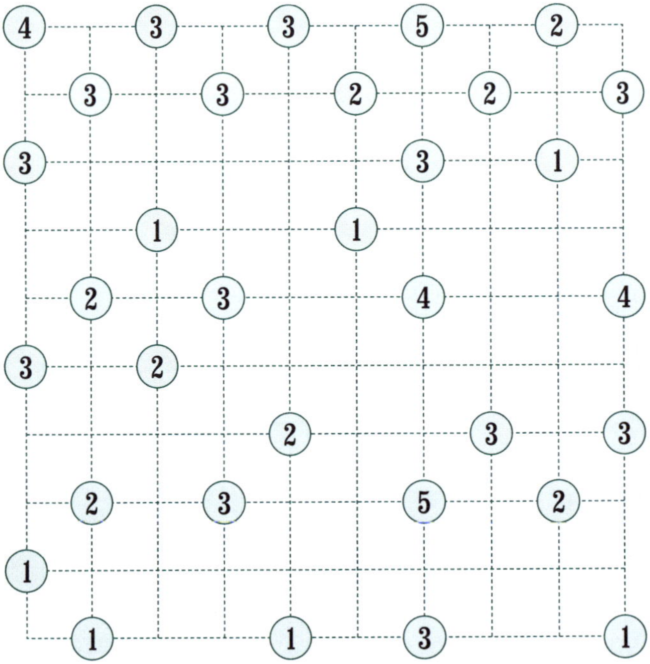

FALSCHER KLUNKER

Problemlösung

★★★

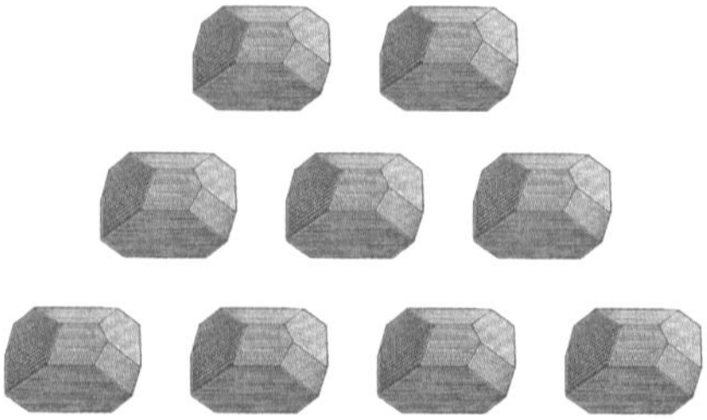

Holmes und Watson werden in das Haus eines Adligen gebeten, um dessen wertvolle Diamanten zu beurteilen. Der Auftraggeber weiß aus sicherer Quelle, dass einer seiner neun Diamanten eine Fälschung ist und weniger wiegt als die acht echten Diamanten. Wenn sie also eine Waage benutzen, mit der ausschließlich die Diamanten gewogen werden – wie oft müssen Holmes und Watson sie dann mindestens verwenden, um den falschen Stein aufzuspüren?

ERHELLENDER GEDANKE

Wahrnehmung

★ ★ ★

Sherlock Holmes hat die Antwort schon fast! Helfen Sie ihm, die Knoten in seinem Gehirn zu entwirren, um einen komplizierten Fall zu lösen. Finden Sie heraus, welches der Seile direkt zu der Glühbirne führt, und sorgen Sie dafür, dass Sherlock ein Licht aufgeht!

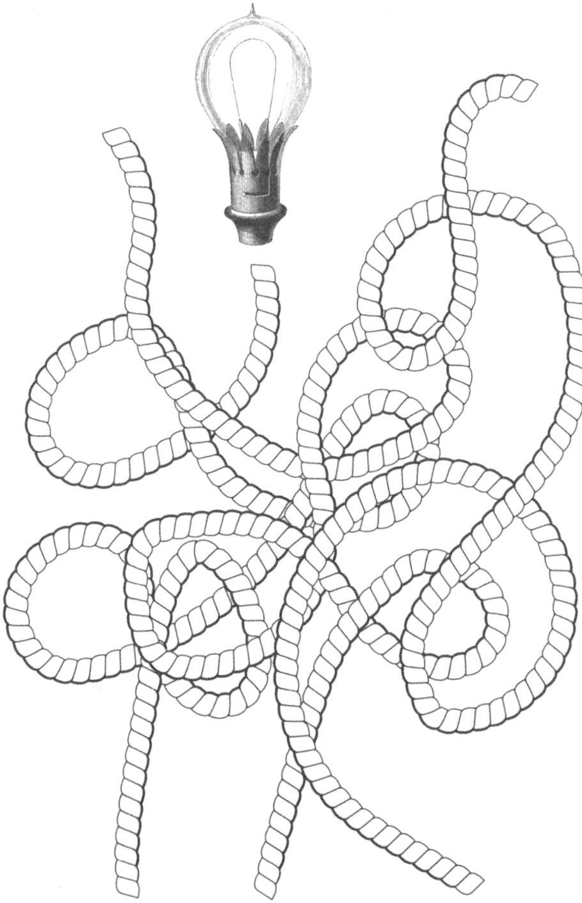

A B C

5-MINUTEN-RÄTSEL

PYRAMIDENSYSTEM

Mathematik

★ ★ ★

Sherlock ist einem Kriminellen dicht auf den Fersen, der die englische Oberschicht betrogen hat. Er hat wertlose Gegenstände als einzigartige Kunstwerke ausgegeben und sie zu Wucherpreisen verkauft. Watson konnte herausfinden, dass der Betrüger die meisten seiner Fälschungen über einen früheren Arbeitgeber beschafft hatte. Als die beiden Detektive die Firma besuchen und nach Details zu dem ehemaligen Angestellten fragen, erklärt ihnen der Geschäftsführer, es gebe zu jedem Mitarbeiter eine Akte mit einer dreistelligen Nummer. Können Sie das folgende Rätsel lösen und herausfinden, welche Nummer die des Betrügers ist? Sie steht an der Spitze der Pyramide. Die Zahl in jedem Feld ist immer die Summe aus den beiden Zahlen direkt darunter.

		300				
65		142	158			
	34			76		
	11		37			
19	1	10	13		21	

30-SEKUNDEN-RÄTSEL

URALTE SPRACHE

Wahrnehmung

★ ★ ★

Watson ist auf eine geheimnisvolle alte Sprache gestoßen, deren Schriftzeichen in einige Kultobjekte im British Museum eingemeißelt sind. Er möchte Holmes diese Schriftzeichen unbedingt zeigen und erzählt ihm deshalb davon. Aber zu seiner Überraschung kennt Holmes das nächste Zeichen in der Abfolge und skizziert es in sein Notizbuch. Können auch Sie den Code knacken und das Symbol zeichnen, das Sherlock Holmes herausgefunden hat?

60-SEKUNDEN-RÄTSEL

PFEIFENUNFALL

Wahrnehmung

★ ★ ★

Mrs Hudson war gerade dabei, im Haus Baker Street 221B sauber zu machen, als sie zu ihrem Schrecken hörte, wie etwas zerbrach. Sherlocks Lieblingspfeife war zu Boden gefallen und in tausend Stücke zersplittert! Entsetzt eilte sie in den Tabakladen, um ihm eine neue zu kaufen. Sie hatte die Absicht, die Pfeife zu ersetzen, ohne dass Sherlock etwas merkte, also brauchte sie eine absolut identische Pfeife. Doch es standen mehrere zur Auswahl, und da sie wusste, was für ein detailversessener Pedant Sherlock war, musste sie schon genau die richtige nehmen. Wissen Sie, welche der vier Pfeifen im Laden exakt mit dem Original übereinstimmt?

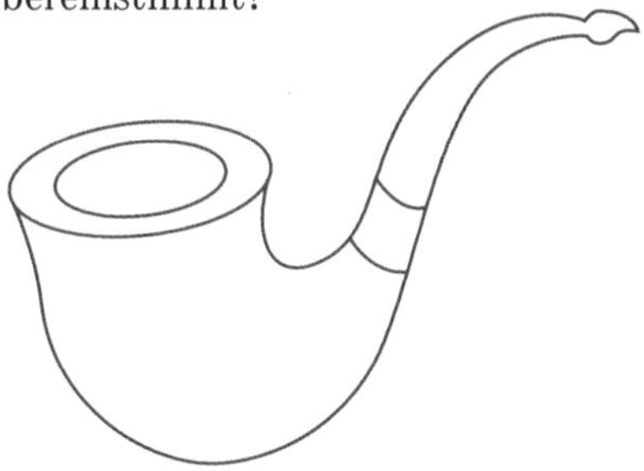

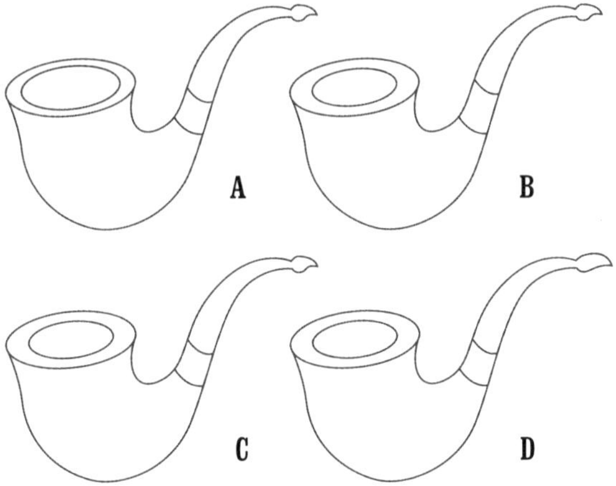

WIE GEMALT

Problemlösung

★ ★ ★

Können Sie dieses Rätsel lösen? Wenn ja, dann entsteht ein Bild von etwas, das mit dem berühmten Sherlock Holmes zu tun hat. Hierzu müssen Sie bestimmte Felder im unten stehenden Raster ausmalen. Aus den Zahlen an den Außenseiten geht hervor, wie viele Felder in jeder Zeile oder Spalte auszumalen sind. Zwischen zwei Zahlen befindet sich immer eine Lücke von mindestens einem Feld. Wenn also am Rand einer Zeile zum Beispiel 3,1 steht, so bedeutet dies, dass sich irgendwo in der betreffenden Zeile drei aufeinanderfolgende ausgemalte Felder befinden, gefolgt von mindestens einem freien und einem weiteren ausgemalten Feld. Die restlichen Felder in der Zeile bleiben alle frei. Das Rätsel lässt sich mit logischem Denken lösen, und Sie brauchen nicht zu raten.

				5	4	2		5	9		9													
			6	2	1	1	1	2	1	7	1			4		2								
	8	11	1	2	2	3	12	3	2	1	2	2		1	11	6		3	7	7				
5	4	2	2	1	3	2	3	1	1	2	1	7	17	1	1	2	2	2	1	2	6	2	4	
4	3	2	2	4	1	1	1	2	2	5	2	4	4	3	5	4	13	3	3	2	2	2	3	7

4, 5
14
3, 8, 1
3, 4, 4, 2
4, 4, 1, 2, 2
4, 1, 3, 1, 2, 2
4, 1, 3, 1, 3, 2
4, 1, 1, 1, 1, 3, 2
4, 1, 1, 1, 1, 3, 3
3, 1, 1, 1, 1, 1, 3
3, 1, 1, 1, 1, 2, 3
3, 4, 2, 3, 3
2, 11, 1, 2
1, 1, 2, 1, 2, 2
7, 2, 1, 2, 2
1, 4, 2, 2, 1
1, 14, 2
3, 5, 10
1, 2, 2, 3, 6
1, 5, 4
2, 4, 6
1, 2, 2, 3
2, 1, 4
3, 5
8

2-MINUTEN-
RÄTSEL

ZIELÜBUNG

Mathematik

★ ★ ★

Watson will seine Rechenkünste verbessern und versucht deshalb, die folgende Aufgabe in höchstens zwei Minuten zu lösen. Schaffen Sie das auch?

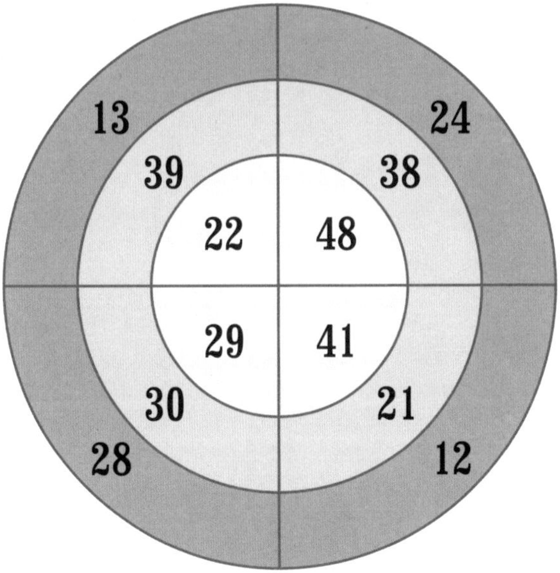

SUMMEN

104
56
114

Wählen Sie aus jedem der drei Ringe auf der Scheibe die Zahl aus, die zusammen mit den beiden anderen gewählten Zahlen die erste Summe ergibt, nämlich 104. Gehen Sie bei der zweiten und dritten Summe genauso vor.

VERSCHWUNDENES PFERD

Problemlösung

★★★

Silberglanz, das wertvolle Rennpferd, ist aus seinem Stall entführt worden. Sherlock Holmes ist sich sicher, dass die Diebe es durchs Moor geführt haben, um ein Aufspüren zu erschweren. Als er bemerkt, dass der Stall voller Hufspuren ist, folgert er, dass das Pferd mehrmals im Kreis herumgehen musste – es sollte seine Orientierung verlieren, bevor es Richtung Moor ging. Können Sie die Bewegungen des Pferdes im unten stehenden Raster rekonstruieren? Es tritt genau einmal auf jedes Feld, und zwar in der Reihenfolge 1, 2, 3, 4, 1, 2, 3, 4 und so weiter. Startpunkt ist das markierte Feld mit der Nummer 1, Endpunkt das markierte Feld mit der Nummer 4. Jedes Feld darf genau einmal betreten werden, und Sie dürfen sich pro Zug ein Feld fortbewegen, und zwar in jede beliebige Richtung, auch diagonal. Die Wege dürfen sich auch kreuzen.

1	4	3	2	2	3
2	3	1	1	4	1
4	2	4	3	2	4
1	3	1	2	1	3
4	2	1	4	3	2
3	4	2	3	4	1

2-MINUTEN-RÄTSEL

GENERALSCHLÜSSEL

Wahrnehmung

★★★

Holmes ist von einem seiner Widersacher gefangen genommen worden. Glücklicherweise weiß die Polizei, wo er ist, und konnte auch einen Schlüsselbund sicherstellen. Doch nur einer der Schlüssel passt ins Schloss – wissen Sie, welcher?

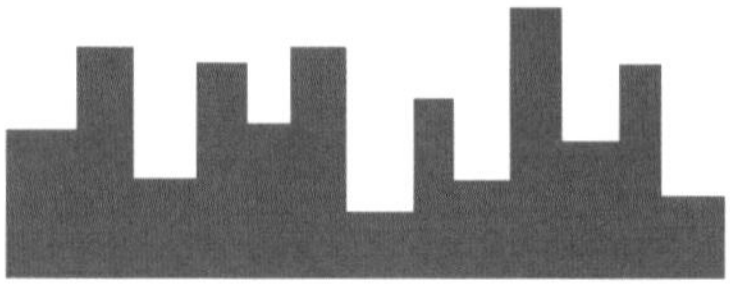

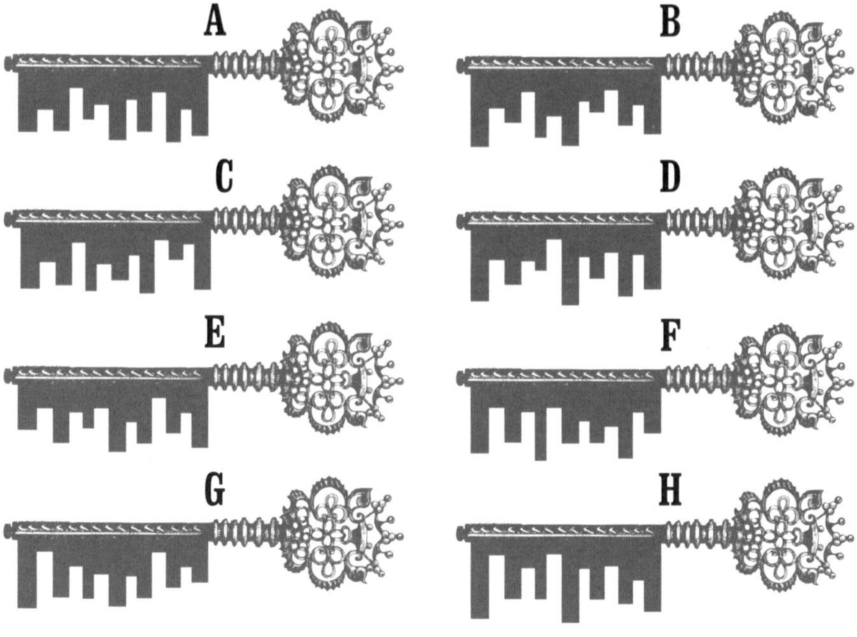

5-MINUTEN-
RÄTSEL

EIN SCHIFF WIRD KOMMEN

Problemlösung

★ ★ ★

Holmes und Watson haben mehrere Kunstwerke wiedergefunden und zurückgeführt, die aus der National Gallery gestohlen und nach Übersee geschafft worden waren, um dort auf dem Schwarzmarkt verkauft zu werden. Nun müssen sie nachweisen, dass jedes einzelne Gemälde auch wirklich im Hafen angekommen ist und keines fehlt. Zu jedem Werk wurde eine achtstellige Zahl vergeben, um es von anderen Frachtgütern auf demselben Schiff zu unterscheiden, ohne dabei die Aufmerksamkeit auf seinen hohen Wert zu lenken. Können Sie jede der unten stehenden Zahlen im Raster auf der nächsten Seite wiederfinden?

15005417	26352022	36549675	67724487	81873587
15852089	29551414	42542219	67865623	85664571
17598488	35195047	47691772	76908627	96565765
19772921	35576257	53880436	78497423	98696237

2	1	5	7	1	5	7	2	9	5	5	1	4	1	4
6	7	7	2	4	4	8	7	8	4	9	7	4	2	3
1	5	8	5	2	0	8	9	1	8	9	3	4	9	6
6	4	1	5	5	4	5	7	9	1	7	7	1	2	9
2	6	8	5	3	1	8	7	4	5	9	1	7	7	1
3	6	7	6	2	9	9	2	6	0	8	2	2	7	5
7	5	3	6	3	2	5	9	1	9	5	2	5	9	9
7	8	5	3	7	4	0	7	5	2	4	9	1	1	9
1	7	8	7	2	8	0	2	1	3	8	5	1	8	8
8	2	7	2	6	9	6	8	5	4	2	2	6	5	2
5	6	1	3	8	2	1	5	8	3	5	9	5	3	3
7	9	1	5	0	8	5	8	6	3	6	0	6	4	2
8	4	7	6	9	1	7	7	2	2	5	2	0	7	7
8	2	7	3	6	3	3	9	3	1	3	6	2	5	9
2	5	6	6	7	5	6	7	5	6	5	6	9	6	1

10-MINUTEN-RÄTSEL

AUF DEM RICHTIGEN GLEIS

Problemlösung

★★★

Sherlock Holmes hatte gerade erst die Tür zu seinem Haus in der Baker Street geöffnet, als Watson auch schon anfing, ihn über seinen neuesten Fall auszufragen. Es ging dabei um eine recht aufreibende Observation: Sherlock hatte peinlich genau die Bewegungen verschiedener Lokführer überwacht, um herauszufinden, welcher von ihnen illegale Güter zwischen zwei Bahnhöfen transportierte. Watson wollte nun unbedingt wissen, wer der schuldige Lokführer war. Siegesgewiss wie immer, gab Sherlock ihm ein Rätsel auf, mit dessen Hilfe Watson die Antwort selbst herausfinden sollte. Er sagte zu seinem geschätzten Freund, der Name des Lokführers werde sich aus den Buchstaben ergeben, durch deren Felder die Bahngleise verliefen. Watson müsse lediglich das Rätsel lösen und dann den Bahngleisen von A nach B folgen. Die Buchstaben in den Feldern, in denen die Gleise eine Kurve beschrieben, ergäben den Namen des schuldigen Lokführers.

Die Zahlen außerhalb des Rasters geben an, durch wie viele Felder in einer bestimmten Zeile oder Spalte die Bahngleise führen. Kein Feld wird mehrfach besucht, und die Gleise können ein Feld entweder geradeaus durchqueren oder im Feld rechtwinklig abknicken. Auf diese Weise ergibt sich eine durchgehende Strecke von A nach B. Start- und Endpunkt der Strecke sind zu Ihrer Unterstützung schon eingetragen – der Name des schuldigen Lokführers beginnt also mit einem T und endet mit einem N.

	3	2	2	2	5	4	5	3	
	A	D	T	G	T	H	S	E	2
	S	D	F	D	S	M	L	L	2
A	T	T	M	G	K	O	M	W	4
	E	H	M	K	D	P	Q	O	6
	P	F	M	J	S	W	I	Q	1
	D	D	S	O	I	K	P	S	2
	E	R	W	N	Q	E	N	K	1
	N	J	D	F	S	Q	E	O	8
	B								

60-SEKUNDEN-RÄTSEL

EINE FRAGE DER PRÄGUNG

Problemlösung

★★★

Holmes und Watson arbeiten an einem Fall, in dem es um eine Gruppe von Münzfälschern geht. Holmes ist auf ein Beispiel ihrer Arbeit gestoßen und reicht Watson eine englische Schillingmünze, von der ein Teil hier im Bild zu sehen ist. Können Sie das offensichtliche Detail benennen, durch das klar wird, dass die Münze nicht echt ist?

5-MINUTEN-RÄTSEL

LASST DIE WÜRFEL ROLLEN!

Mathematik

★ ★ ★

Sherlock Holmes spielte mit seinem Bruder Mycroft im Diogenes Club ein Brettspiel, bei dem vor jedem Zug mit zwei Würfeln gewürfelt wurde. Die Gesamtzahl der Augen ergab die Zahl der Felder, die derjenige, der dran war, auf dem Spielbrett vorrücken durfte. Als Sherlock das erste Mal am Zug war, würfelte er 11 und beim zweiten Mal 5. Mycroft würfelte beim ersten Mal 7 und beim zweiten Mal 9. Auf diese Weise landeten zwar beide Brüder auf Feld 16 des Spielbretts, doch welche der beiden Würfelkombinationen ist statistisch wahrscheinlicher und um wie viel mehr?

60-SEKUNDEN-RÄTSEL

LASTERHÖHLE

Um die Ecke gedacht

★ ★ ★

Die Ehefrau eines hoch angesehenen Mannes ging in einer der weniger gut beleumundeten Gegenden im viktorianischen England eine Straße entlang. Sie können sich ihren Schrecken vorstellen, als sie das Gesicht ihres Gatten im Fenster einer Opiumhöhle entdeckte. Voller Entsetzen und voller Angst, er könne in Schwierigkeiten sein, eilte sie hinauf in das Zimmer, in dem sie ihn gesehen hatte. Doch alles, worauf sie dort stieß, waren ein geöffnetes Fenster und der traurige Anblick eines auf dem Boden sitzenden Bettlers. Ihr Mann war weder durch das Fenster verschwunden noch hatte der Bettler ihm in irgendeiner Weise Leid zugefügt. Eine weitere Möglichkeit, den Raum zu verlassen, gab es ebenfalls nicht. Können Sie auf dieser Grundlage die seltsamen Ereignisse erklären und darlegen, was mit dem Mann passiert war?

AUF DIE UHR GESCHAUT

Logik

★★★

Eine von Arthur Conan Doyles Erzählungen heißt *Die Geschichte des Mannes mit den Uhren*. Können Sie das folgende kleine Logikrätsel lösen? Tragen Sie die Lösungen direkt in die Tabelle ein und machen Sie sich zuvor keine Notizen.

Drei Herren hatten sich neue Uhren gekauft. Die Bänder der Uhren waren aus Gold, Silber beziehungsweise Leder, und die Modelle hießen *Elite, Exclusive* und *Executive.* Können Sie herausfinden, wer welche Uhr gekauft hat und welches Armband zu welcher Uhr gehört?

Baxter hatte sich das Modell *Exclusive* zwar angeschaut, es aber nicht gekauft – er mochte keine goldenen Armbänder. Clifford war mit seiner *Executive*-Uhr, die keine silbernen Bänder hatte, sehr glücklich. Ernest liebte glitzernde Dinge und hatte deshalb beschlossen, dass eine Uhr mit goldenem Armband genau das Richtige für ihn war.

Name	Modell	Armband
Baxter		
Clifford		
Ernest		

60-SEKUNDEN-RÄTSEL

EINE FRAGE DER GRÖSSE

Um die Ecke gedacht

★ ★ ★

Beim Nachmittagstee in einem vornehmen Hotel erzählte Agatha ihren Freundinnen von ihren Neffen. Agatha hatte zwei Neffen. Der eine von ihnen hatte fünf Söhne, aber keine Töchter. Der andere Neffe hatte vier Töchter, von denen jede einen Bruder hatte. Wissen Sie, welcher der Neffen die meisten Kinder hatte?

RENNRAD

Mathematik

★★★

Hören Sie mal, mein lieber Watson", sagte Sherlock Holmes eines Morgens beim Frühstück. *„Ich habe auf meinem Morgenspaziergang mit einem Gentleman gesprochen, der eines dieser neumodischen Fahrräder fährt, die viel schneller sind als ein Hochrad. Er sagte, er sei gestern eine Meile in nur drei Minuten und 20 Sekunden gefahren. Wie hoch ist dann wohl sein Tempo in Meilen pro Stunde? Ich weiß, das ist eine ziemlich banale Rechenaufgabe, aber betrachten Sie sie als kleine geistige Aufwärmübung, während Sie Ihren Toast genießen."*

Können Sie Watson schlagen und die Frage in weniger als einer Minute beantworten?

2-MINUTEN-RÄTSEL

WOHLGEHÜTETES GEHEIMNIS

Wahrnehmung

★ ★ ★

„Die Fotografie ist in einer Nische hinter einer Schiebewand", sagte Sherlock Holmes. „Ich hatte überlegt, sie sofort sicherzustellen, doch der Kutscher war hereingekommen, und da er mich äußerst genau beobachtete, erschien es mir sicherer, noch zu warten."

Holmes hatte herausgefunden, dass ein belastendes Foto hinter einer Schiebewand versteckt war und dass man an einem Glockenzug ziehen musste, um die Wand beiseitezuschieben. Von diesem Glockenzug hat er aus dem Gedächtnis eine Zeichnung angefertigt:

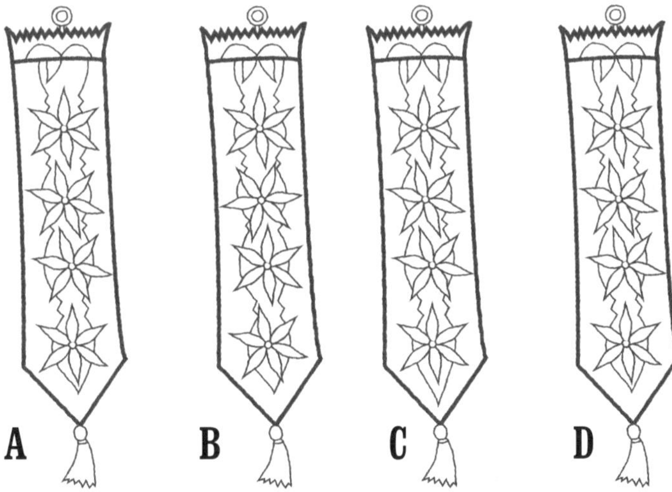

Können Sie erkennen, an welchem der Glockenzüge (A–D) man ziehen muss, um das wichtige Beweisstück sichtbar zu machen?

10-MINUTEN-RÄTSEL

EIN KNACKIGER CODE

Problemlösung

★ ★ ★

Dr. Watson war ratlos angesichts eines Rätsels, in dem sich der Code zu einem Safe versteckt. Dabei möchte er den Safe wirklich gern öffnen! Können Sie ihm helfen?

Jedes der neun Symbole @, &, #, %, £, !, ?, +, = muss im unten abgebildeten Raster je einmal in jeder Zeile und Spalte sowie in jedem fett umrandeten, 3 × 3 Felder großen Quadrat vorkommen. Sobald das Raster komplett ausgefüllt ist, zeigen die markierten Felder von links nach rechts und von oben nach unten den Symbol-Code an, der benötigt wird, um den Tresor zu öffnen.

?		@	!		£			&
%	&				=		?	!
+		!						£
					@			
		+	#	?	&	!		
			=					
!						&		@
#	£		@				!	+
@			&		!	%		#

2-MINUTEN-RÄTSEL

DESSERTREZEPT

Gedächtnistraining

★★★

„Es ist natürlich nur ein kleiner Nachtisch, aber nichts ist so wichtig wie Kleinigkeiten“, sagte Sherlock Holmes während er das *Rätsel um den Mann mit der entstellten Lippe* löste.

Hier ist die Zutatenliste für Mrs Hudsons köstliches Trifle. Prägen Sie sie sich eine Minute lang ein, decken Sie sie dann ab und beantworten Sie die Fragen im Kasten, ohne nochmals auf die Liste zu schauen!

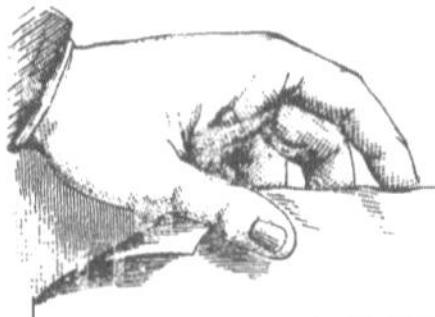

ZUTATEN

¾ Pint Sahne
2 ½ Unzen Zucker
2 Eiweiß
1 Glas Sherry (klein)
¾ Pint Vanillecreme
5 kleine Biskuits
Zitronenabrieb
Himbeermarmelade
Erdbeermarmelade
1 Unze Mandeln
4 TL Brandy
essbare Blüten zum Garnieren

FRAGEN

1) Wie viele Eiweiß werden benötigt?
2) Welche beiden Marmeladensorten kommen im Rezept vor?
3) Wie viel Brandy wird benötigt?
4) Wie groß sollte das Glas Sherry sein?

GOLDGRÄBER

Problemlösung

★ ★ ★

Holmes, Watson und Bankdirektor Merryweather bewachen einen Tresorraum voller französischer Goldbarren. Holmes hat herausgefunden, dass eine Gruppe von Räubern die Absicht hat, das Gold zu stehlen und einen Tunnel zu dem Kellerraum zu graben, in dem sie sich gerade befinden. Unglücklicherweise sind die Pläne der Räuber schon weiter gediehen als angenommen. Sherlock und die anderen können also nicht mehr durchzählen, wie viele Kisten voller Gold sie eigentlich bewachen, ohne womöglich von der Räubern überrascht zu werden. Doch Holmes ist sich sicher, dass sich die Gesamtzahl der Kisten auch aus ihrem jetzigen Blickwinkel heraus ermitteln lässt.

Können Sie mithilfe des Bildes herausfinden, auf wie viele Kisten Holmes, Watson und Merryweather insgesamt achtgeben müssen?

2-MINUTEN-RÄTSEL

ALLES HAT SEINEN PREIS

Mathematik

★★★

Sherlock Holmes spricht mit einem Klienten über einen möglichen Fall. Der Klient fragt Holmes, wie viel er für einen komplexen Fall wie den seinen verlangen würde, mit dem er bis zu einem Monat beschäftigt sein könnte. Statt zu antworten gibt Sherlock dem Klienten das folgende Rätsel in die Hand und sagt zu seinem Gesprächspartner, er müsse, nachdem er das Rätsel gelöst habe, die drei Zahlen in den grün markierten Feldern zusammenzählen. Dies sei sein Honorar in britischen Pfund.

Können Sie herausfinden, wie viel Sherlock für diesen Fall berechnen würde? Hierzu müssen Sie die Zahlen 2 bis 9 so in die leeren Felder im Raster eintragen, dass die vorgegebenen Lösungen dabei herauskommen. Rechnen Sie – statt in streng mathematischer Reihenfolge – von links nach rechts und von oben nach unten.

	×		+		35
×		×		×	
1	×		×		30
+		+		−	
	×		×		126
10		33		8	

30-SEKUNDEN-RÄTSEL

DOPPELFEHLER

Problemlösung

★★★

Schauen Sie sich das Buchstabengitter an und streichen Sie im Kopf so schnell wie möglich jeden Buchstaben durch, der doppelt vorkommt. Welches Wort bleibt übrig?

G	W	D	B	I
P	P	R	F	B
E	A	E	D	G
I	B	R	T	H
S	H	F	O	N

60-SEKUNDEN-RÄTSEL

DAS IST DIE HÖHE

Um die Ecke gedacht

★★★

Watson gab Mrs Hudson ein Rätsel auf, bei der sie ein wenig um die Ecke denken musste. Er wollte herausfinden, ob sich ihre Fähigkeit auf diesem Gebiet verbessert hatte. Können Sie das Rätsel lösen?

Eine Frau, die in einem zehnstöckigen Haus lebte, sprang aus freiem Willen aus dem Fenster. Doch sie überlebte den Sprung und wurde nicht einmal verletzt. Wie war das möglich?

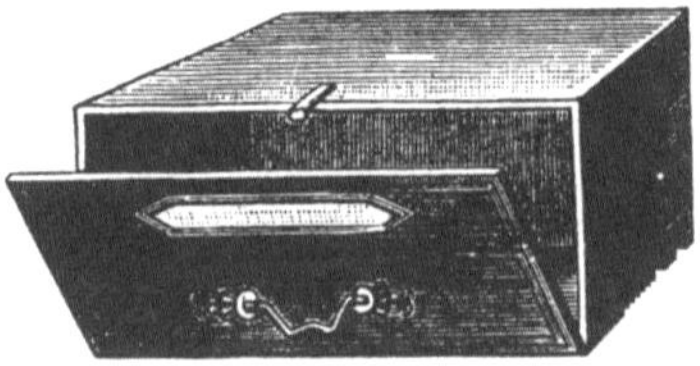

VIERLINGE

Wahrnehmung

★ ★ ★

Etwas sehr Seltenes ist in der Baker Street eingetreten: Sherlock hat gerade keinen aktuellen Fall, und damit er nicht wieder seinen früheren Lastern frönt, versucht Watson, ihn ständig beschäftigt zu halten. Doch das ist gar nicht so einfach, denn jede Aufgabe, die er dem großen Detektiv stellt, hat dieser im Nu gelöst. Für das folgende Problem hat Watson zwei Minuten gebraucht und der große Sherlock nur wenige Sekunden. Können Sie Watson schlagen?

Zerlegen Sie das Raster in vier identische Formen. Hierzu müssen Sie einzelne Formen eventuell drehen.

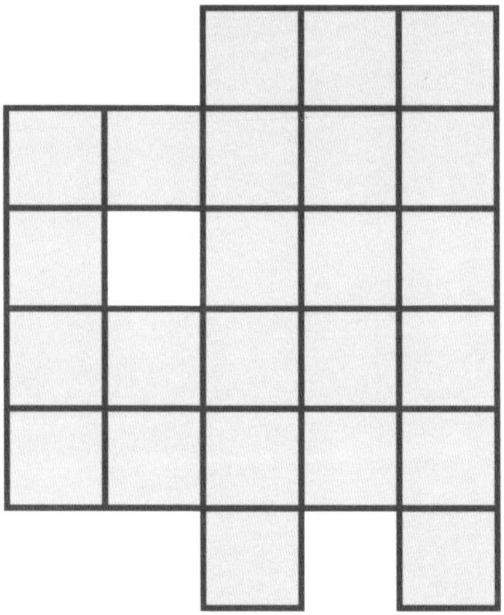

30-SEKUNDEN-RÄTSEL

EINDRUCK DURCH ABDRUCK

Wahrnehmung

★★★

„Was haben wir denn hier?“, rief Sherlock Holmes. *„Fußspuren! Fußspuren! Und von ganz ungewöhnlichen Schuhen!“*

Können Sie mithilfe der Namensliste und des Fußabdrucks den Namen des Schuldigen herausfinden?

James McCarthy
William Crowder
Patience Moran
John Turner

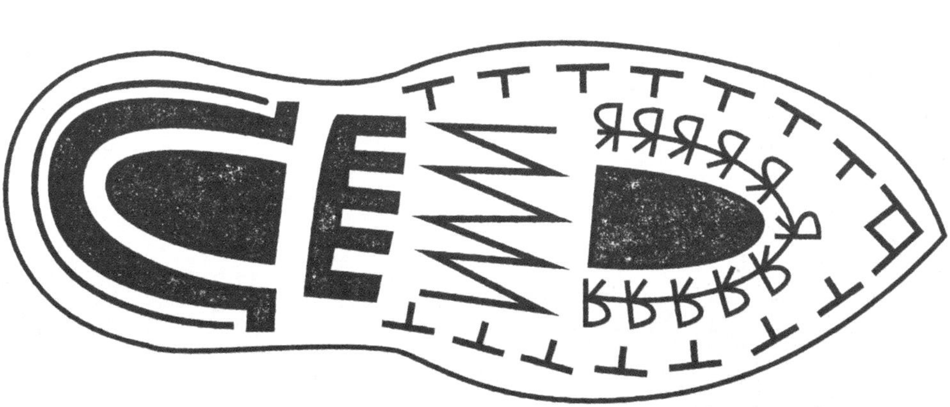

60-SEKUNDEN-RÄTSEL

DAS ABENTEUER DER DREI STUDENTEN

Problemlösung

★ ★ ★

Drei Studenten hatten beschlossen, eine Forschungsexpedition zu unternehmen. Leider hatten sie die Orientierung verloren und wussten nicht mehr, wie sie in ihr Basislager zurückfinden sollten. Bis dahin waren sie von ihrem Lager aus zwei Meilen nach Norden gegangen, gefolgt von drei Meilen nach Osten, dann fünf Meilen nach Süden, sechs Meilen nach Westen und zum Schluss drei Meilen nach Norden. Wie viele Meilen (und in welche Richtung) müssen die drei abenteuerlustigen Studenten gehen, um zu ihrem Lager zurückzukehren?

60-SEKUNDEN-RÄTSEL

ALTER HUT

Wahrnehmung

★★★

Während er gemächlich die Morgenzeitungen studierte, verschüttete Watson aus Versehen etwas Kaffee auf Sherlocks Deerstalker-Mütze, die neben ihm auf dem Tisch lag. Da er wusste, dass es Sherlock ganz und gar nicht gefallen würde, eine fleckige Mütze zu tragen, ging er los, um Ersatz zu besorgen. Können Sie herausfinden, welche der Optionen (A–D) mit dem Original übereinstimmt?

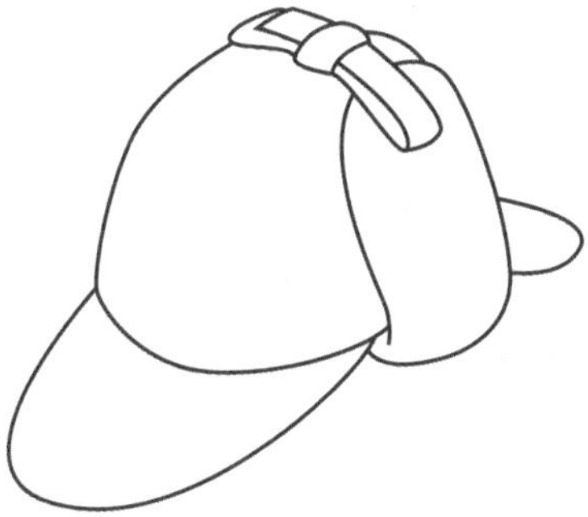

A

B

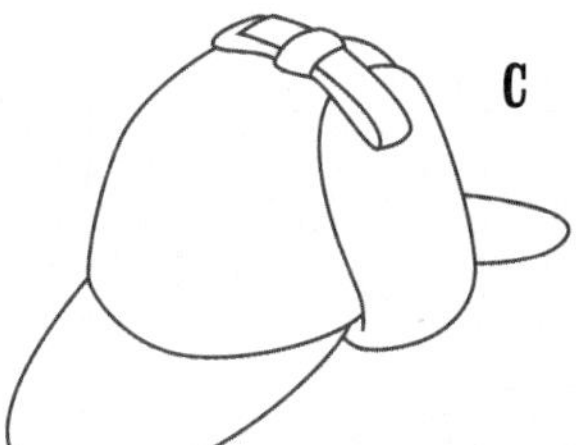

C

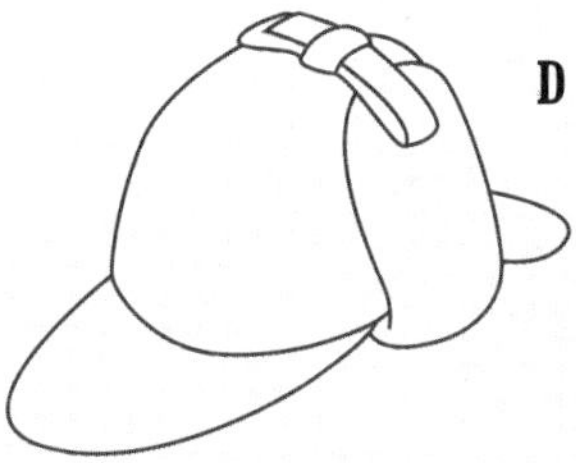

D

2-MINUTEN-RÄTSEL

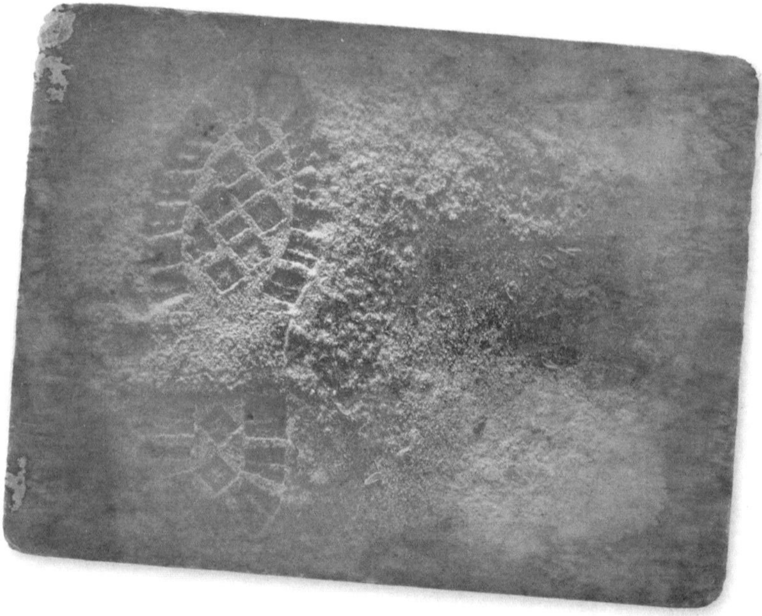

SCHUHGRÖSSEN

Mathematik

★★★

Schon oft hatte Watson bemerkt, wie sehr Sherlock den Nervenkitzel der Jagd liebte und wie gern er sich an den seltsamsten Fällen abarbeitete. Im Zuge der Ermittlungen zu einem ganz bestimmten Fall untersuchte Holmes einige Fußspuren, die die mutmaßlichen Räuber im Matsch zurückgelassen hatten. Beim Messen der Abdrücke stellte er fest, dass einer der Verdächtigen Schuhgröße 7 trug. Zwei andere Paar Abdrücke wiesen andere Schuhgrößen auf – eine davon war numerisch gesehen um 50 Prozent größer als die andere. Wenn nun der Durchschnitt der drei Schuhgrößen die Größe 9 war – welche Größen hatten dann die beiden anderen Paar Fußabdrücke?

HINEIN INS GRÜNE

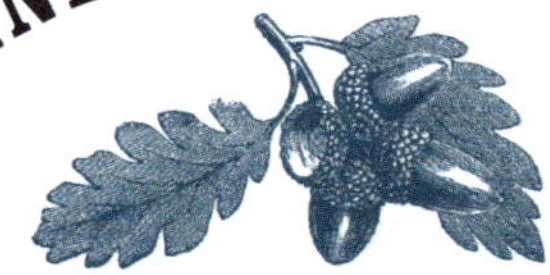

Problemlösung

★★★

„*Der Teich hier in Boscombe Valley hat nur einen schmalen Gras- und Schilfgürtel und ist ansonsten rundherum dicht bewaldet*“, sagte Holmes, ehe er sich zum Tatort eines schrecklichen Verbrechens aufmachte. Es ist sehr leicht, auf dem Anwesen Boscombe Valley die Orientierung zu verlieren. Können Sie Holmes und Watson dabei helfen, zum Teich im Zentrum des Irrgartens zu gelangen? Los geht’s bei der Hand mit dem ausgestreckten Zeigefinger.

2-MINUTEN-RÄTSEL

DIE SUMME ALLER TEILE

Mathematik

★ ★ ★

In ihrer Freizeit amüsieren sich Watson und Holmes mit einem Mathematikrätsel. Wie immer hat Sherlock es im Nu gelöst – Watson dagegen braucht zwei Minuten dafür. Können Sie seine Zeit unterbieten und schneller herausfinden, für welche Zahlen die Mütze, die Pfeife und die Lupe im Bild stehen?

IM TIEFEN WASSER

Wahrnehmung

★ ★ ★

In *Der adlige Junggeselle* können Holmes und Watson das Hochzeitskleid der Hatty Doran aus einem See im Hyde Park bergen. Doch die beiden Detektive wollen auch ihren Ring finden, der laut Aussage der Polizisten vor Ort auf den Grund des Sees gesunken ist. Können Sie den Ehering in der Zeichnung entdecken?

60-SEKUNDEN-RÄTSEL

FALSCHE IDENTITÄTEN

Wahrnehmung

★★★

Holmes und Watson gehen zu einer Gegenüberstellung bei der Polizei und nehmen ein Album mit Fotos von Kumpanen eines flüchtigen Kriminellen mit. Die Vornamen der Männer, die vor ihnen stehen, lauten George, Albert, John und Oliver. Allerdings wird schnell klar, dass sich alle Verdächtigen für die Gegenüberstellung verkleidet haben, um ihre wahre Identität zu verschleiern. Können Sie herausbekommen, welcher der verkleideten Männer zu welchem Foto gehört und wer wer ist?

George trägt im täglichen Leben eine Kopfbedeckung, während Albert für seine Verkleidung die Augenklappe gegen einen Hut getauscht hat. Genauso gern wie seinen beeindruckenden, jedoch falschen Oberlippenbart trägt John zu jeder Tageszeit einen hoch aufragenden Hut. Oliver hat sich große Mühe gegeben, die unschöne Stelle in seinem Gesicht zu verstecken – er verbirgt sein Äußeres auf sehr effektive Weise.

VERKLEIDUNG

FOTOS

HAPPY BIRTHDAY, MRS HUDSON!

Problemlösung

★★★

Mrs Hudson hatte Geburtstag, und während sie den Kuchen anschnitt, den Sherlock Holmes und Dr. Watson ihr geschenkt hatten, sagte sie etwas sehr Interessantes: *„Wissen Sie, dass meine Schwester Jean und ich am selben Tag Geburtstag haben? Wir sind natürlich keine Zwillinge. Sie ist jetzt 1,2-mal so alt wie ich. Vor 40 Jahren war sie an unserem Geburtstag doppelt so alt wie ich!“* Blitzschnell antwortete Sherlock: *„Ah! Ich habe mich schon immer gefragt, wie alt Sie sind, aber es ist unhöflich, eine Dame danach zu fragen. Jetzt weiß ich genau, wie alt Sie sind!“* Wie alt ist Mrs Hudson?

30-SEKUNDEN-RÄTSEL

ENTLASSUNGSDATUM

Problemlösung

★ ★ ★

Inspektor Lestrade unterhielt Sherlock Holmes mit Geschichten über die vielen Kriminellen, an deren Inhaftierung er während seiner Zeit bei Scotland Yard beteiligt gewesen war. Er erwähnte auch einen besonders seltsamen Fall, dessen Einzelheiten hier kaum von Belang sind. Es genügt zu wissen, dass nur dank Lestrades Einsatz der Verdächtige am Ende verurteilt werden konnte. Am ersten Tag des folgenden Monats ging er ins Gefängnis und wurde 67 Tage später wieder entlassen. An welchem Tag war er wieder ein freier Mann? Bitte beachten Sie, dass er während der ersten zwei Monate seiner Strafe jeweils dieselbe Anzahl an Tagen im Gefängnis verbrachte und dass er seine gesamte Strafe während eines Kalenderjahrs absaß.

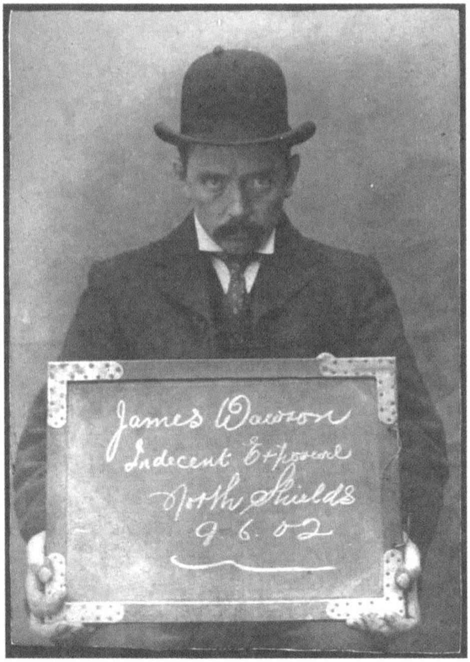

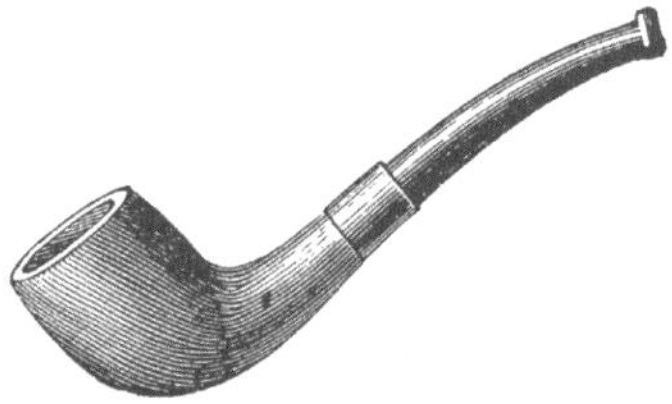

EINER FEHLT!

Problemlösung

★ ★ ★

Können Sie alle der unten aufgelisteten Figuren aus den Sherlock-Holmes-Geschichten in dem Wortsuchrätsel wiederfinden, dass die Form von Sherlocks berühmter Pfeife hat? Sie haben hierfür zwei Minuten Zeit. Doch Vorsicht! Eine der Figuren ist entwischt und im Buchstabenraster nicht zu finden. Können Sie herausfinden, welcher Name das ist – und zwar bevor die Zeit abgelaufen ist?

	B	S	H	R	I	W	M	F																	S	P	P	X
S	I	O	N	L	I	A	Y	S	V															X	R	V		
I	E	R	C	J	X	T	C	J	X														T	Q	L			
U	I	A	P	A	R	S	R	H	H													O	A	W				
P	A	Q	S	A	D	O	O	U	C												P	F	L					
R	U	A	I	E	C	N	F	L	H											N	S	N						
L	V	R	A	T	N	S	T	H	Y										E	Y	O	E						
A	O	A	E	O	R	Y	G	P	O									A	L	S	R							
M	P	A	V	R	S	H	A	T	T								U	E	D	E								
Q	U	E	N	H	I	L	O	B	T						T	T	C	U	P	R								
L	E	S	T	R	A	D	E	P	O	Q				Y	V	O	H	P	R									
D	V	B	R	A	D	S	T	R	E	E	T		G	R	Q	S	S	K										
	A	R	N	L	E	E	H	R	M	J	B	O	G	Y	R	H	I											
		K	V	Y	X	T	G	T	C	X	T	U	A	M	X	R	Z											
				O	S	K	C	O	L	R	E	H	S	T	I													
						G	Q	I	U	E	H	L	C															

ADLER
BAYNES
BRADSTREET
LECOQ
LESTRADE
MORIARTY
MRS HUDSON
MYCROFT
SHERLOCK
WATSON

2-MINUTEN-RÄTSEL

AUS DEM KOPF

Gedächtnistraining

★★★

Ich glaube, dass das menschliche Gehirn eine Art leere Mansarde ist, die man mit Möbeln und Dingen ganz nach eigenem Geschmack ausstattet. Ein kluger Arbeiter wird sich also sehr genau überlegen, was er in seiner Hirnmansarde unterbringen will. Am Ende wird er nichts außer den Werkzeugen dort ablegen, mit denen er seine Arbeit tut. Doch von diesen Werkzeugen besitzt er eine ganze Auswahl, und alle liegen an ihrem Platz.“

Es scheint so, als sei der folgende, gut sortierte Dachboden mit allen möglichen Dingen ausgestattet, die irgendwie mit Sherlock Holmes zu tun haben. Schauen Sie sich die Gegenstände im Raster eine Minute lang an, decken Sie dann das Bild ab und beantworten Sie die Fragen.

FRAGEN

1) Wie viele Lupen sind im Raster zu sehen?
2) Welcher Gegenstand befindet sich im Feld ganz oben rechts?
3) Welcher Gegenstand kommt im Raster am wenigsten vor?
4) Welcher kommt am häufigsten vor?
5) Welcher Gegenstand befindet sich genau in der Mitte des Rasters?

2-MINUTEN-RÄTSEL

WELCHER ARZT?

Logik

★ ★ ★

Mrs Hudson ist zur Kontrolluntersuchung beim Arzt. Ihr Arzt ist Mr White. Können Sie anhand der unten stehenden Hinweise die Haarfarbe (Rot, Blond oder Schwarz) und das Alter (35, 40 oder 45) sowohl von ihm als auch von seinen beiden Kollegen herausfinden, die an diesem Tag ebenfalls in der Praxis arbeiten? Versuchen Sie, das Rätsel im Kopf zu lösen, und notieren Sie die Antworten.

Mrs Hudsons Arzt ist nicht der älteste der drei und er hat auch kein blondes Haar. Mr Wood ist der jüngste. Mr Wright hat die dunkelste Haarfarbe.

Name	Haarfarbe	Alter
Mr White		
Mr Wood		
Mr Wright		

5-MINUTEN-RÄTSEL

BLUTZOLL

Problemlösung

★ ★ ★

Während er versuchte, einen besonders grausamen Mordfall zu lösen, stieß Sherlock Holmes auf eine Art Geständnis. Es stammte von einem ziemlich ungewöhnlichen Kriminellen, der Katz und Maus mit der Polizei gespielt und den Beamten kleine Hinweise hinterlassen hatte, von denen er sicher war, dass sie nichts mit ihnen würden anfangen können. Doch er hatte nicht mit Sherlock Holmes und seinen kombinatorischen Fähigkeiten gerechnet! Können Sie den Namen der ermordeten Person herausfinden, den der Kriminelle in der folgenden Notiz versteckt hat?

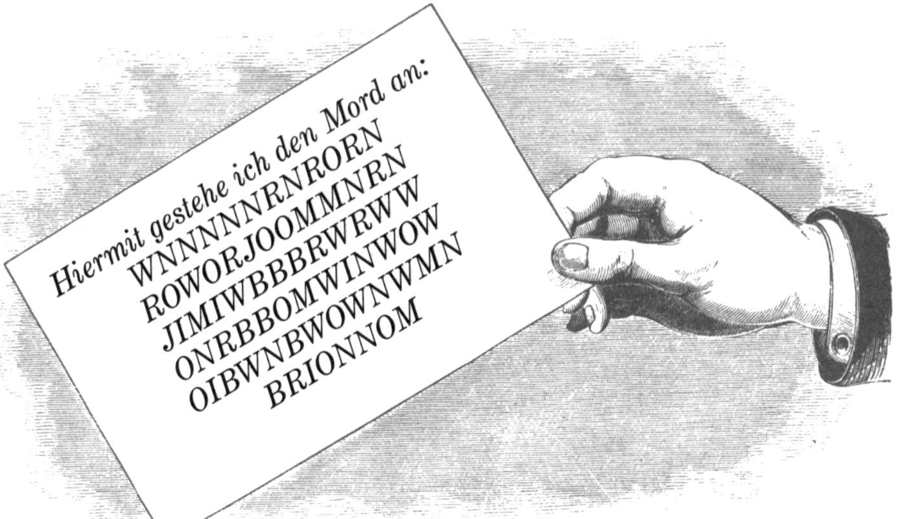

RÄUBERHÖHLE

Um die Ecke gedacht

★★★

Holmes und Lestrade haben den anonymen Hinweis erhalten, dass ein Dieb, der gerade das Haus eines angesehenen Geschäftsmanns ausgeraubt hat, in einem örtlichen Pub gesehen worden ist. Nun wissen Holmes und Lestrade zwar noch nicht, wie der Übeltäter aussieht, doch sie beschließen, sich die Kneipe trotzdem einmal anzusehen. Vor Ort stoßen sie auf jemanden aus der Bäckerei, jemanden aus der Fleischerei, eine Lehrkraft und einen Banker. Sofort verhaften sie den Banker. Wie war es ihnen möglich, den wahren Täter festzunehmen, ohne durch peinliches Raten ihren Ruf gefährden zu müssen?

10-MINUTEN-RÄTSEL

BETRUNKENER SEEMANN

Problemlösung

★★★

Holmes war auf einer Schiffswerft und beobachtete eine Gruppe möglicher Räuber. Während er dies tat, bot sich ihm ein einzigartiger Anblick: Ein Seemann, der ganz offensichtlich viel zu viel Rum getrunken hatte, bewegte sich auf höchst seltsame Weise fort. Er hüpfte und sprang auf einer Ansammlung von 100 Kisten herum, die darauf warteten, auf ein Schiff geladen zu werden. Dabei machte er Spielzüge wie der Springer auf dem Schachbrett – zwei Felder horizontal, gefolgt von einem Feld vertikal, oder zwei Felder vertikal, gefolgt von einem Feld in horizontaler Richtung.

Sherlock stellte fest, dass der betrunkene Seemann jeweils einmal auf jede Kiste sprang und dass zwei grau angemalte Kisten als Start- und Endpunkt dienten. Können Sie den gesamten Weg, den der betrunkene Seemann gegangen ist, mithilfe des folgenden Rasters nachvollziehen?

88							73	94	11
			8	45		93		43	72
		48			85				
	80		90			83	100		
64	5		59			76		98	
79	52	61				97			56
					67			14	
				1	54		68		40
	3	36	33						
	30	27			22	25	16	39	20

2-MINUTEN-RÄTSEL

GEFÄNGNISAUSBRUCH

Problemlösung

★ ★ ★

Watson und Holmes sind ins Newgate-Gefängnis gerufen worden, um Lestrade zu unterstützen. Offenbar ist einem Insassen die Flucht gelungen, obwohl er angekettet in seiner Zelle saß und den ganzen Tag über von sich abwechselnden Polizisten bewacht wurde.

Schauen Sie sich den Ort des Geschehens genau an. Können Sie mithilfe der Ansicht von oben herausfinden, wie es dem Bösewicht gelingen konnte, aus dem Gefängnis zu entkommen? Das Bild zeigt den Gefangenen an einer Kette, die fest im Boden verankert ist. Außerhalb der Zelle steht ein Wachtposten.

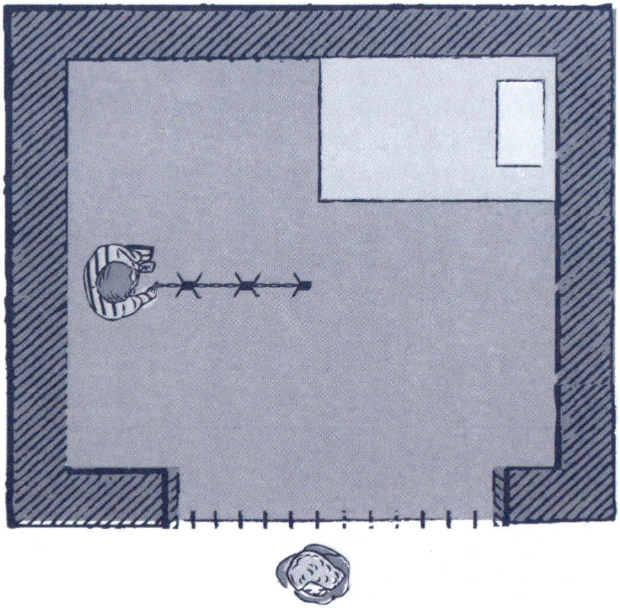

2-MINUTEN-RÄTSEL

TARNSCHMUCK

Wahrnehmung

★★★

Zusammen mit einer Visitenkarte hat Lestrade eine alte Brosche erhalten. Auf der Karte steht, dass mit ihr ein Geheimnis verbunden ist. Gelingt es Lestrade, das Geheimnis zu lüften, wird er wissen, wer ihm bei seiner Untersuchung hilfreich sein kann.

Malen Sie die Felder aus, in denen sich ein Punkt befindet, damit die Figur in der viktorianischen Kamee sichtbar wird.

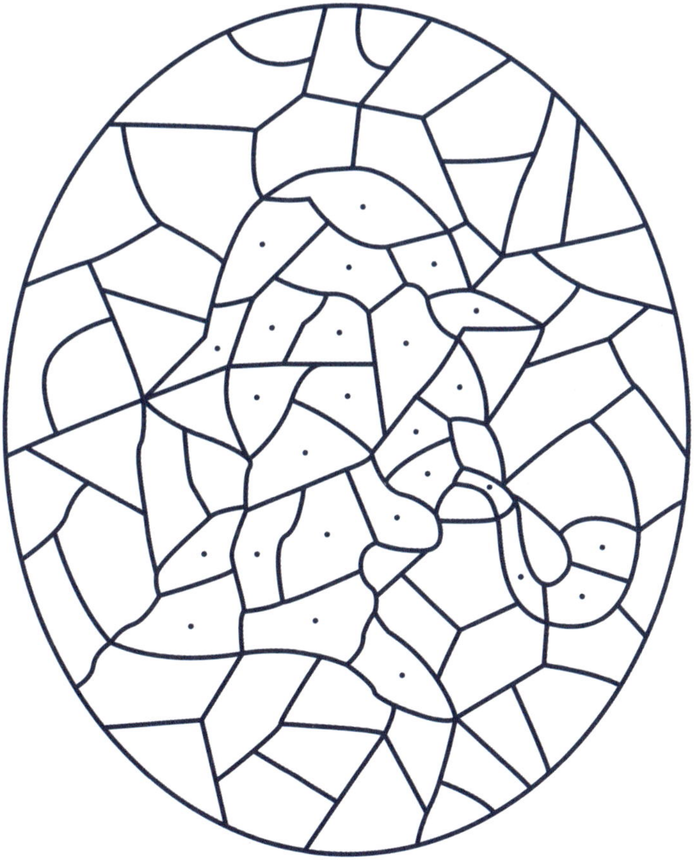

5-MINUTEN-RÄTSEL

DES PFARRERS TISCHTUCH

Problemlösung

★★★

Sherlock aß bei einem Pfarrer zu Abend, in dessen Auftrag er kürzlich herausgefunden hatte, wer die Kerzen aus dem Kirchenbüro stibitzt hatte. Sherlock fand sowohl das Essen als auch das Muster auf dem Tischtuch des Pfarrers äußerst ansprechend. Er skizzierte das Muster auf ein Stück Papier, um später Mrs Hudson zu bitten, es auf das Tischtuch ihres eigenen Esstisches in der Baker Street zu übertragen. Statt nun aber das Muster eins zu eins zu kopieren, tat er es in Kurzform – und zwar so wie man es im unten stehenden Raster sehen kann. Können Sie das Muster komplettieren? Jede Zeile und Spalte muss genau fünf grüne und fünf violette Felder enthalten. Dieselbe Farbe darf pro Zeile und Spalte nicht in mehr als zwei aufeinanderfolgenden Feldern vorkommen.

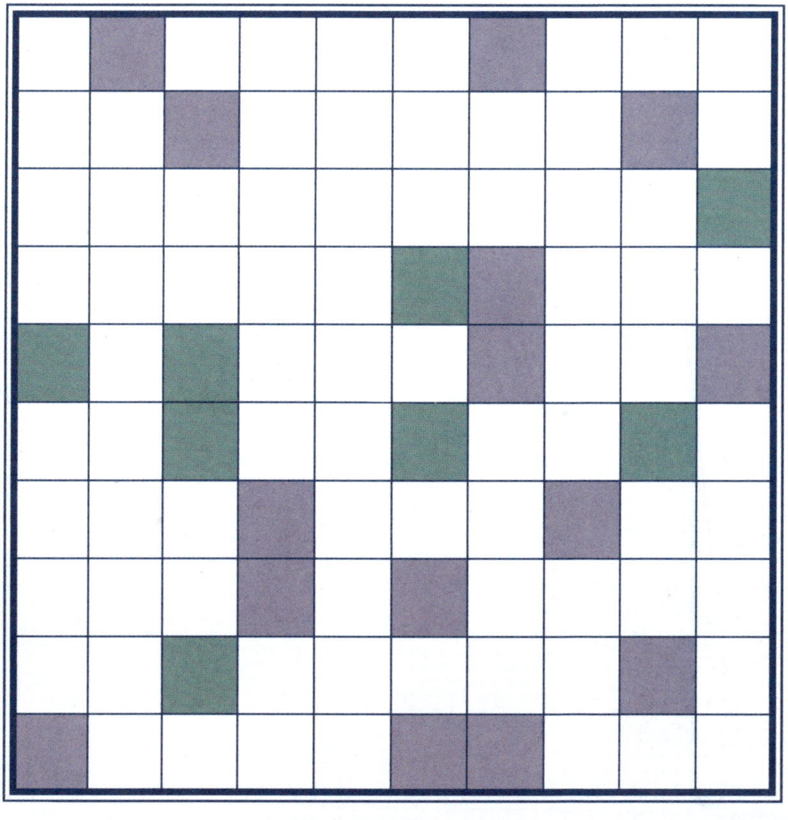

60-SEKUNDEN-RÄTSEL

PIANOFORTE

Mathematik

★ ★ ★

Im Stehen applaudierte Sherlock einem virtuosen Musiker, der soeben voller Elan und mit großer Fingerfertigkeit ein Klavierkonzert in Mycrofts Club gegeben hatte. Der Pianist verbeugte sich und sagte: *„Es ist für mich zur zweiten Natur geworden. Ich trete schon seit ewigen Jahren auf.“* Sherlock fragte: *„Und seit wann genau?“* Darauf antwortete der Musiker: *„Nun Sir, wir haben das Jahr 1892, ich habe 75 Prozent meines Lebens damit verbracht, vor Publikum zu spielen, und bin jetzt 60 Jahre alt.“* In welchem Jahr ist der Musiker also erstmals aufgetreten?

30-SEKUNDEN-RÄTSEL

EINE TASCHE ODER ZWEI

Problemlösung

★ ★ ★

Bei Scotland Yard versuchte man, das Muster hinter den Aktivitäten eines notorischen Taschendiebs zu erkennen. Der Übeltäter schlug mit ziemlicher Regelmäßigkeit zu, doch die Anzahl seiner Opfer war auf den ersten Blick willkürlich. Am 4. November hatte er 15 Menschen beraubt, am 27. November 38, am 11. Dezember 23 und am 18. Dezember 30. Es lagen Informationen vor, die besagten, dass der Dieb wohl am 25. Dezember erneut zuschlagen würde. Wie viele Personen würde er wohl an dem Tag berauben?

Reagenzgläser

Problemlösung

★ ★ ★

Lestrade hatte Sherlock in ein Labor mitgenommen, wo ein paar Wissenschaftler Chemikalien untersuchten. Diese waren im Keller eines kriminellen Unternehmens gefunden worden, das im Verdacht stand, etliche Größen der Gesellschaft zu erpressen. Es gab allerdings keine schriftlichen Beweise, die belegten, wer die Opfer waren, doch Lestrade war sich sicher, dass die Reagenzgläser, die er beschlagnahmt hatte, wichtige Hinweise liefern würden. Leider hatten ihm die Wissenschaftler berichtet, dass die Gläser offenbar nur gefärbtes Wasser enthielten und keine geheimnisvollen Chemikalien.

„Sie haben nicht den richtigen Blick dafür, Inspektor“, sagte Sherlock fröhlich. *„Die Person, nach der Sie suchen, heißt ...“* Sind Sie auch so klug wie Sherlock Holmes und kennen den Namen, den er verkünden will?

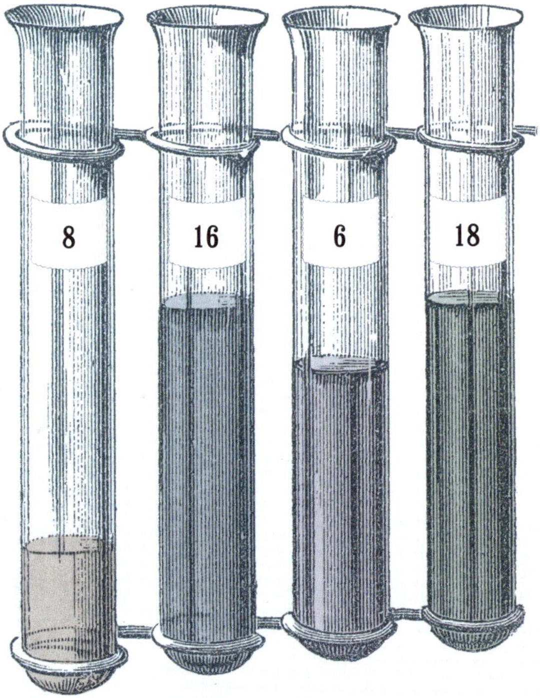

2-MINUTEN-RÄTSEL

KALKULATIONEN IM ZUG

Mathematik

★ ★ ★

„Wir kommen gut voran“, sagte Sherlock, während er aus dem Fenster schaute und einen kurzen Blick auf seine Armbanduhr warf. *„Wir machen zurzeit 53,5 Meilen pro Stunde.“*

Er und Watson waren auf dem Weg zu einem Auftraggeber, um mit den Untersuchungen zu einem neuen Fall zu beginnen. Wenn ihr Zug um 15.15 Uhr in London abgefahren ist, im Schnitt 53,5 Meilen in der Stunde zurücklegt und laut Plan um 17.30 Uhr sein Ziel erreicht – in welcher Stadt kommt er dann an? Runden Sie Ihre Antwort auf eine Dezimalstelle und kreisen Sie Ihre Antwort, also den Namen der Stadt, auf der Karte ein.

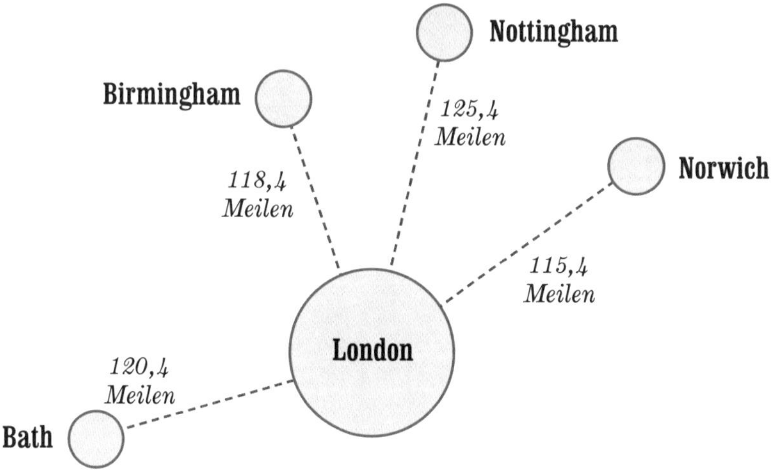

5-MINUTEN-RÄTSEL

AUF DEM POSTEN

Problemlösung

★ ★ ★

Holmes und Watson sollen Scotland Yard dabei helfen, den Zeugen eines schrecklichen Verbrechens zu beschützen, das von einer gefährlichen kriminellen Organisation verübt worden ist. Lestrade hat seine Männer Posten beziehen lassen, jedoch hat er vergessen, auf der Karte einzutragen, wo genau die Wache eines jeden Mannes endet. Er hat nur notiert, für wie viele drei Fuß breite Quadratfelder jeder Mann zuständig ist. Können Sie Holmes und Watson dabei helfen, die genauen Grenzen der den Männern zugewiesenen Bereiche festzulegen, sodass sie alle zusammen die Umgebung sorgfältig überwachen und ein Attentat auf ihren Kronzeugen verhindern können?

Teilen Sie das unten stehende Raster in mehrere Rechtecke auf – und zwar so, dass jedes Feld nur zu einem Rechteck gehört. Die Zahlen geben die Größe eines jeden Rechtecks an, zum Beispiel bedeutet eine 5 in einem Feld, dass dieses Feld zu einem Rechteck gehört, das aus insgesamt fünf Feldern besteht. In jedem Rechteck steht nur eine Zahl.

	4			2			2		2
			4						2
		2	2	2					
9							12	5	2
				12					
	7								3
								12	
	2	12			2				

60-SEKUNDEN-RÄTSEL

VIERLINGSPFEIFEN

Problemlösung

★ ★ ★

Nach einem sehr anstrengenden Fall haben sich Holmes, Gregson, Lestrade und Watson zur Abschlussbesprechung in der Baker Street versammelt. Als die Polizeibeamten gerade gehen wollen, fällt ihnen auf, dass ihre quasi identischen Pfeifen, die nebeneinander auf dem Tisch liegen, durcheinandergeraten sind. Sie haben nur wenige Hinweise, mit deren Hilfe sie die peinliche Situation klären können:

1) Gregsons Pfeife liegt neben der Pfeife von nur einer weiteren Person.
2) Watsons Pfeife ist die erste von den vieren.
3) Lestrades Pfeife liegt nicht neben der von Gregson.

Können Sie hieraus die korrekte Reihenfolge der Pfeifen ableiten und unter jede von ihnen den Namen ihres Besitzers schreiben?

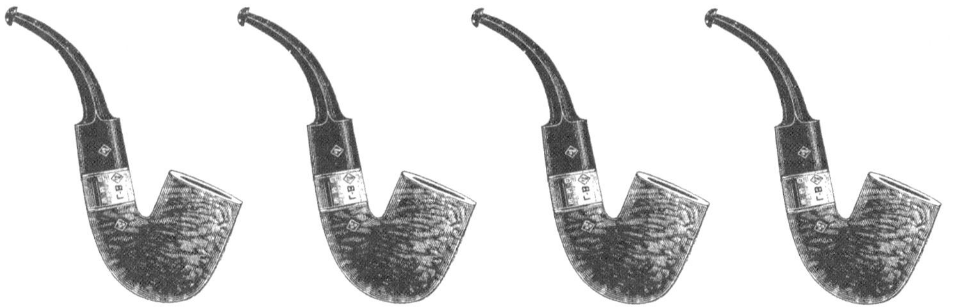

1	2	3	4

RAUCHSTRATEGIEN

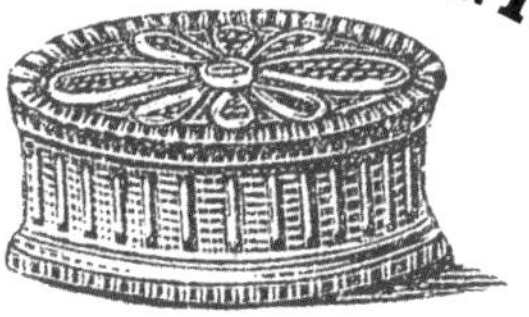

Problemlösung

★ ★ ★

Sherlock muss sich entscheiden, welches Päckchen Tabak er kaufen will. Sein Tabakhändler bietet mehrere Alternativen an, doch Sherlock will sichergehen, nur das Beste für sein Geld zu bekommen: Er wird deshalb genau das Päckchen kaufen, mit dessen Inhalt er am längsten seine geliebte Pfeife rauchen kann. Inzwischen hat er die Auswahl auf die folgenden drei Päckchen eingegrenzt, die alle die gleiche Summe Geld kosten:

Päckchen A enthält genug Tabak, um die Pfeife zehn Mal zu füllen. Der Tabak verbrennt nur langsam, weshalb Sherlock pro Füllung 15 Minuten lang rauchen könnte.

Päckchen B enthält genug Tabak, um die Pfeife zwölf Mal zu füllen. Doch die Rauchzeit pro Füllung würde nur 90 Prozent der 15 Minuten von Päckchen A betragen.

Päckchen C enthält genug Tabak, um die Pfeife 14 Mal zu füllen. Doch die Rauchzeit pro Füllung würde nur 80 Prozent von der betragen, die Päckchen B bietet.

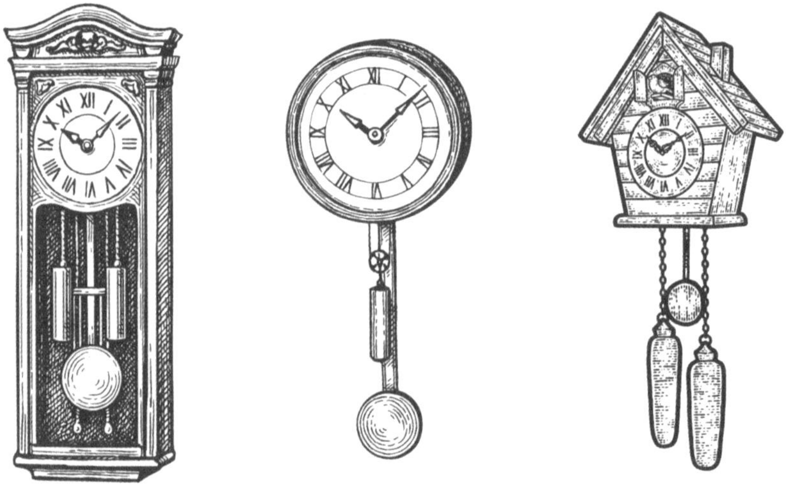

HALTET ALLE UHREN AN

Mathematik

★★★

Jonathan war der Betreiber eines sehr beliebten Uhrengeschäfts im viktorianischen England. In seinem Ladenlokal hing eine beeindruckende Auswahl an Uhren an den Wänden, und sie alle zeigten die korrekte Zeit an. Dies bedeutete natürlich, dass Jonathan sehr viel mit dem Aufziehen seiner Uhren beschäftigt war, damit sie immer richtig gingen. Doch einmal kehrte er nach mehrtägiger Krankheit in seinen Laden zurück und stellte fest, dass alle Uhren stehen geblieben waren. Nun musste er sie alle wieder aufziehen!

Jonathan brauchte 20 Sekunden, um die erste Uhr aufzuziehen, 21 Sekunden für die zweite, 22 für die dritte und so weiter. Insgesamt musste er 50 Uhren aufziehen. Wie lange dauerte es also, bis alle Uhren aufgezogen waren?

IN DER SCHUSSLINIE

Problemlösung

★ ★ ★

Ein Revolver wurde gefunden. In jeder Patronenkammer, in die ein Buchstabe eingeritzt ist, steckt eine Kugel. Bringen Sie die Buchstaben in die richtige Reihenfolge und finden Sie den Namen des potenziellen Opfers heraus. Es handelt sich dabei um eine Figur, die in den Sherlock-Holmes-Geschichten immer mal wieder auftaucht.

5-MINUTEN-RÄTSEL

EINGEPACKT

Wahrnehmung

★ ★ ★

In *Der Pappkarton* erhält Susan Cushing per Post ein Paket mit ziemlich grausigem Inhalt. Welche der folgenden Formen lassen sich ebenso zu Paketen falten?

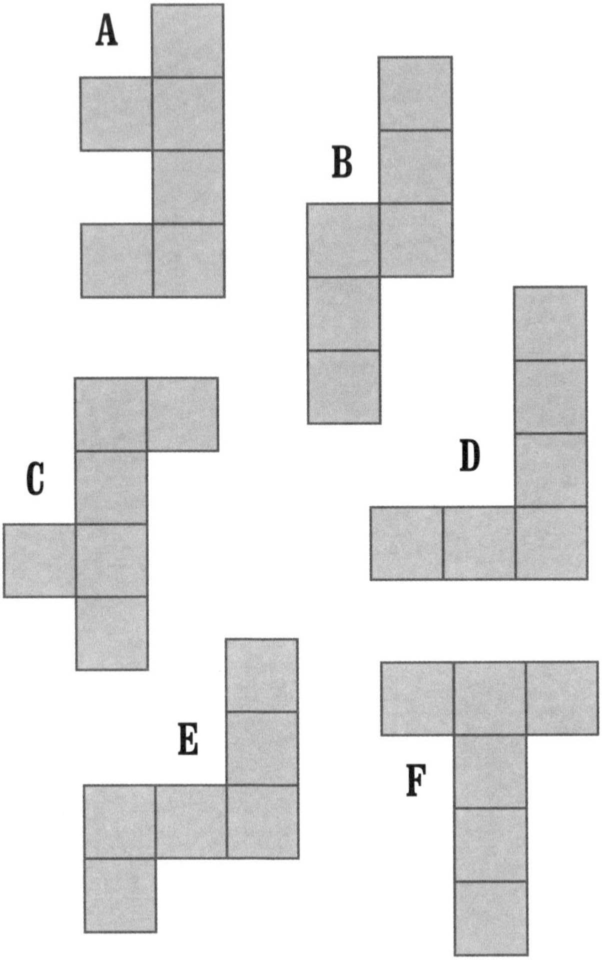

2-MINUTEN-RÄTSEL

DIE FRAU IM LAMPENSCHEIN

Wahrnehmung

★★★

„Plötzlich trat eine Frau aus dem Schatten heraus und stand im goldenen Strahl des Lampenscheins. Ich konnte ihr Gesicht in der Dunkelheit nicht sehen ...“

Eine geheimnisvolle Frau ist direkt vor Holmes und Watson aufgetaucht! Können Sie ihre Silhouette einer der Abbildungen (A–D) zuordnen?

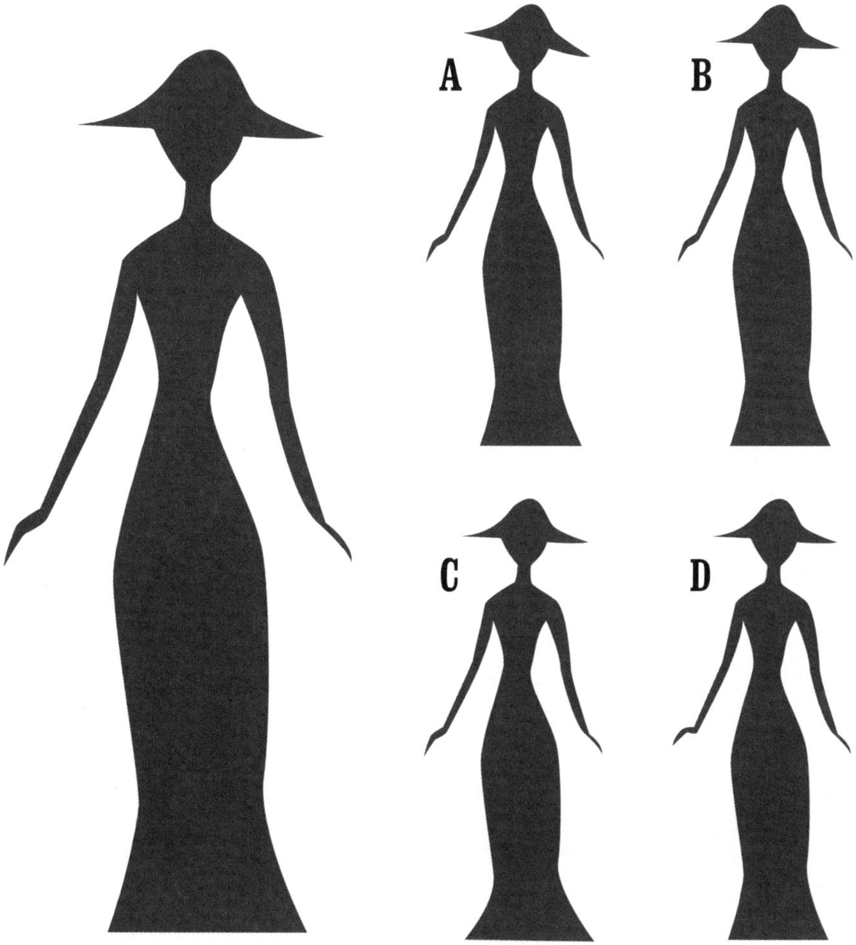

2-MINUTEN-RÄTSEL

LÜCKENLOSE ERINNERUNG

Gedächtnistraining

★★★

Schärfen Sie Ihr Gedächtnis und werden Sie so gut wie der legendäre Sherlock Holmes! Lesen Sie sich die folgende Textpassage eine Minute lang durch und beantworten Sie dann die Fragen, ohne nochmals in den Text zu schauen.

„Meiner Schätzung nach hat die Pfeife neu sieben Schilling und sechs Pence gekostet. Sie ist aber, wie Sie sehen, zweimal ausgebessert worden, einmal am Holz und einmal am Bernstein. Beide Male wurde die Reparatur mit Silberbändern ausgeführt, die mehr gekostet haben müssen als die ganze Pfeife. ... Er pflegt seine Pfeife an Lampen und Gasbrennern anzuzünden. Wie Sie sehen, ist sie auf einer Seite ganz versengt. Natürlich kann das nicht von Streichhölzern herrühren. Warum sollte einer auch ein Streichholz an die Seite seiner Pfeife halten? An einer Lampe kann man sie aber nicht anzünden, ohne dass dabei der Kopf angesengt wird. Und alle Spuren sind auf der rechten Seite der Pfeife. Daraus schließe ich, dass er linkshändig ist. ... Dann hat er den Bernstein durchgebissen. Daher muss es sich um einen muskulösen, energischen Mann mit gutem Gebiss handeln.“

FRAGEN

1) Der Mann pflegte seine Pfeife an Lampen und was anzuzünden?
2) Womit wurden die Reparaturen ausgeführt?
3) Wie viel hat die Pfeife ursprünglich gekostet?
4) Mit welchen beiden Adjektiven beschreibt Sherlock den Mann, der in der Lage war, ein Mundstück aus Bernstein durchzubeißen?

ALLE AUF EINMAL

Problemlösung

★ ★ ★

Können Sie jeden der unten stehenden Figurennamen aus den Sherlock-Holmes-Geschichten im Raster auf der nächsten Seite unterbringen? Da jeder Name nur einmal verwendet werden darf, streichen Sie ihn am besten durch, nachdem Sie ihn eingetragen haben. Es gibt übrigens nur eine Möglichkeit, alle Namen auf einmal im Raster unterzubringen.

5 BUCHSTABEN	6 BUCHSTABEN	7 BUCHSTABEN	8 BUCHSTABEN	9 BUCHSTABEN
Adler	Holmes	Douglas	Lestrade	Forrester
Jones	Hudson	Ferrier		Stapleton
Lyons	Sholto	Gregson		
Smith	Warren	Morstan		
Stark		Mycroft		
		Porlock		
		Wiggins		

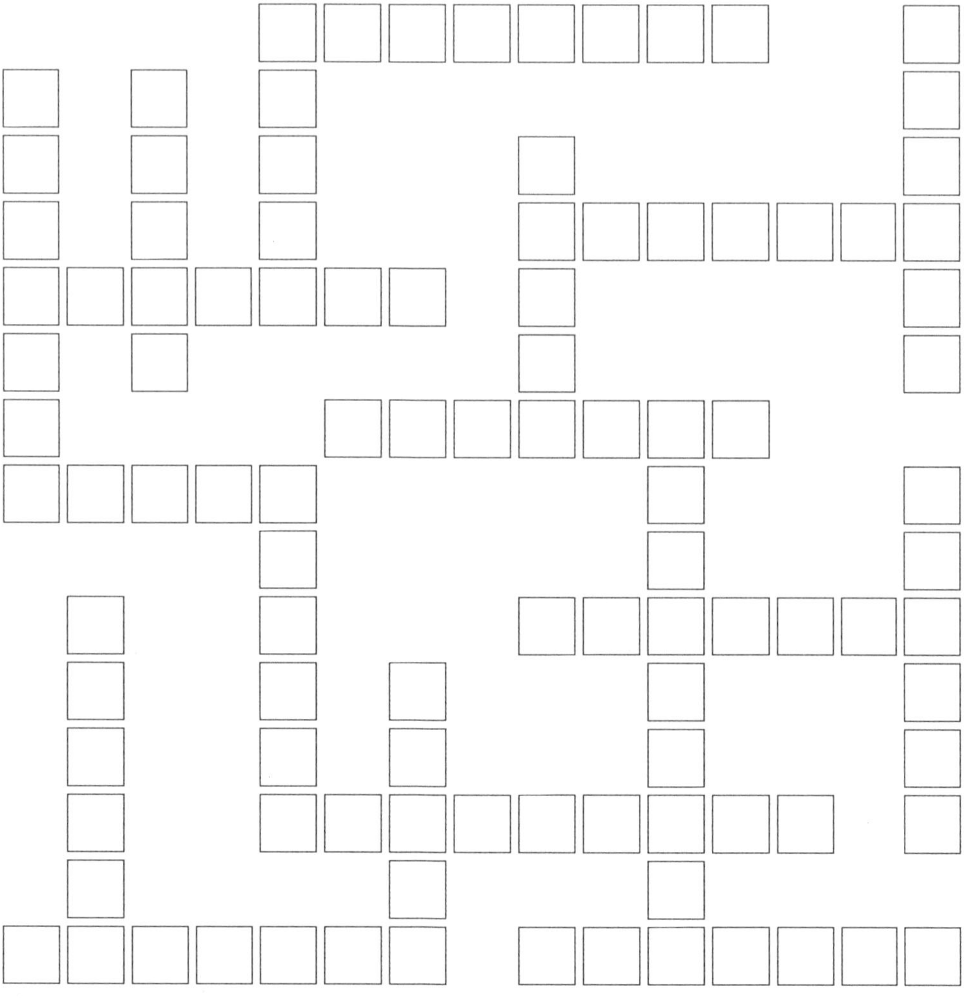

5-MINUTEN-RÄTSEL

IN DER UNTERWELT

Problemlösung

★★★

Holmes und Watson sind einem Kriminellen dicht auf den Fersen, der die Londoner Abwasserkanäle nutzt, um von den Orten seiner Verbrechen zu fliehen und der Polizei zu entkommen. Die beiden Detektive müssen also herausfinden, welche Kanalschächte wie miteinander verbunden sind und ein System von Gängen im Stadtviertel bilden. Können Sie mithilfe der folgenden Anweisungen Holmes und Watson bei der Erstellung einer korrekten Karte des vom Täter genutzten Kanalnetzes unterstützen?

Die Kreise im folgenden Diagramm stehen für Gullydeckel. Zwischen ihnen müssen gerade Linien gezogen werden, die die Tunnel im Untergrund darstellen. Die Zahl auf jedem Gullydeckel steht für die Anzahl der Tunnel, die vom entsprechenden Gully abgehen. Die Tunnel dürfen nur vertikal oder horizontal verlaufen, sie dürfen einander nicht kreuzen, und es darf zwischen zwei Gullydeckeln maximal zwei Tunnel geben. Am Ende muss jeder Gullydeckel an das Tunnelsystem angebunden sein.

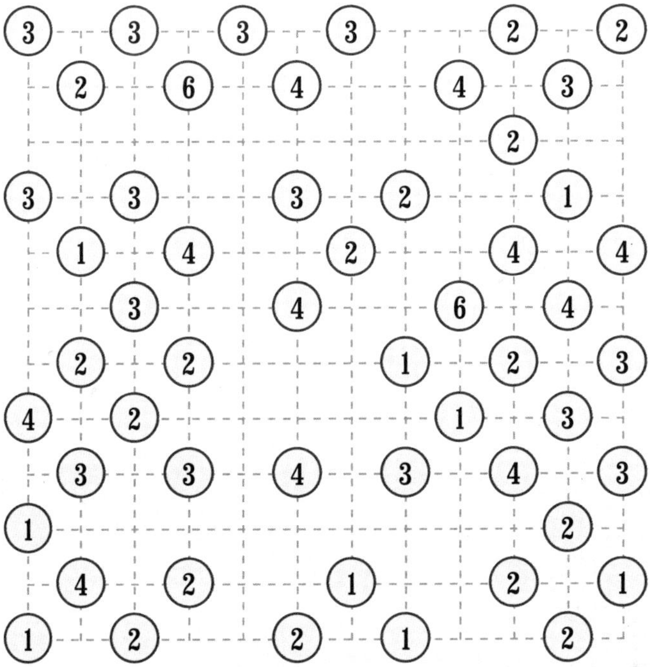

5-MINUTEN-RÄTSEL

IN DER FALLE

Problemlösung

★ ★ ★

Während sie Moriarty verfolgen, öffnen Holmes und Watson eine Tür. Doch kaum ist sie hinter ihnen zugefallen, wird ihnen klar, dass sie in einem Lagerhaus gefangen sind. Da sie um ihr Leben fürchten, wollen sie das Haus sofort wieder verlassen.

Zeichnen Sie den richtigen Weg durch das labyrinthartige Gebäude ein! Beginnen Sie dort, wo im Erdgeschoss die Hand ins Gebäude hinein weist, und verlassen Sie es dort, wo im Obergeschoss die Hand hinaus weist. Ein Pfeil nach rechts > bedeutet, dass Sie an dieser Stelle ins Obergeschoss (rechts) hinaufsteigen können, ein Pfeil nach links <, dass Sie hier ins Erdgeschoss (links) hinabsteigen können. Sie müssen aber nicht jedes Mal die Etage wechseln, wenn Sie auf einem Feld mit einem Pfeil landen. Sie sind dann nur quasi im Treppenhaus und können wählen, ob Sie hinauf- oder hinabgehen oder einfach weiterlaufen wollen.

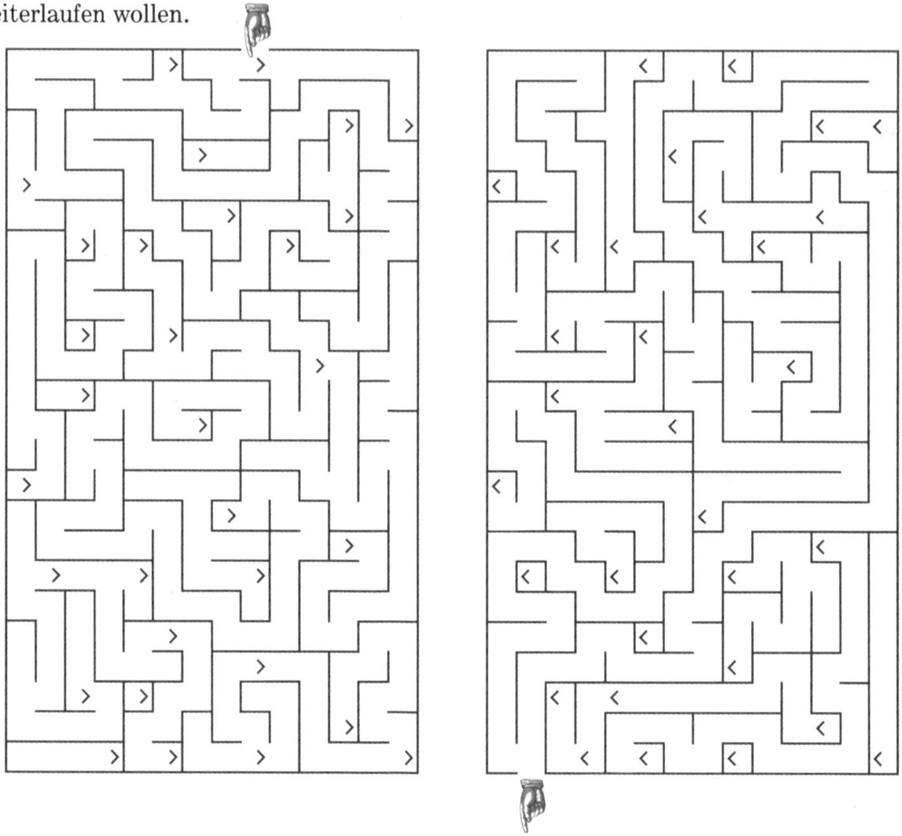

10-MINUTEN-RÄTSEL

RENDEZVOUS MIT DEM SCHICKSAL

Problemlösung

★★★

Holmes und Watson jagen einen Killer, der per Post kleine Rätsel verschickt. Wird ein Rätsel richtig gelöst, kennt man den Tag, den Monat und das Jahr (in dieser Reihenfolge) seines nächsten Mordes. Sherlock Holmes und sein geschätzter Assistent wurden von Scotland Yard um Hilfe gebeten. Können Sie das folgende Rätsel lösen und das Datum ermitteln, an dem der Übeltäter wieder zuschlagen will?

Das Datum ergibt sich aus den Zahlen in den markierten Feldern. Um das Rätsel zu lösen, müssen Sie die Zahlen 1 bis 9 je einmal in jede Zeile und Spalte sowie in jedes fett umrandete, aus 3 × 3 Feldern bestehende Quadrat eintragen.

	8					3		
5				2	9		1	
	3		6		7	5		
7							8	9
			4		5			
1	6							5
		3	8		4		7	
	1		9	3				4
		9					6	

FÜNF ORANGENKERNE

Um die Ecke gedacht

★ ★ ★

Nach dem Fall mit den *Fünf Orangenkernen* bekam Sherlock Holmes auf einmal Lust, in einem nahen Schrebergarten seine eigenen Orangenbäume zu züchten. Er kümmerte sich hingebungsvoll um sie, wässerte die Pflanzen montags einmal, dienstags zweimal, mittwochs dreimal und so weiter bis zum Sonntag, an dem er den Pflanzen sogar siebenmal Wasser gab. Am Montag begann der Zyklus dann wieder von vorn. Wie oft hatte Sherlock also nach 48 Tagen seine Apfelbäume gegossen?

2-MINUTEN-RÄTSEL

WETTRENNEN GEGEN DIE ZEIT

Mathematik

★★★

Holmes, Watson und Scotland Yard hoffen, einen Verbrecher aufhalten zu können, der plant, London mit dem Zug ab Paddington Station zu verlassen. Sie wissen, dass der Bösewicht eine Droschke genommen hat, die ihn bei einem Tempo von zehn Meilen pro Stunde zum Bahnhof bringen soll, der acht Meilen entfernt liegt. Holmes und Watson fahren zur selben Zeit los. Ihre Droschke schafft zwölf Meilen pro Stunde, doch der Bahnhof liegt neun Meilen entfernt. Wer erreicht Paddington Station zuerst – das Detektivduo oder der Kriminelle?

60-SEKUNDEN-RÄTSEL

GEFANGENE MACHEN

Um die Ecke gedacht

★★★

Lestrade will sich ein Bild von der Leistungsfähigkeit des Wachpersonals im Newgate-Gefängnis machen. Er weiß, dass zehn Wachen zehn Minuten brauchen, um zehn Gefangene zusammenzutreiben. Wie viele Wachen werden also benötigt, um 200 Gefangene in 200 Minuten zusammenzutreiben?

2-MINUTEN-RÄTSEL

IM ZUG NACH IRGENDWO

Um die Ecke gedacht

★★★

Holmes und Watson sind in einen Zug gedrängt worden, der an einen unbekannten Ort fährt. Zwar wissen sie nun nicht, wohin sie fahren, doch eine geheimnisvolle Gestalt, die vor der Abfahrt des Zuges verschwunden ist, hat ihnen versichert, der Name des Zielorts sei irgendwo auf ihrer Fahrkarte versteckt. Wissen Sie, wohin die beiden Detektive fahren?

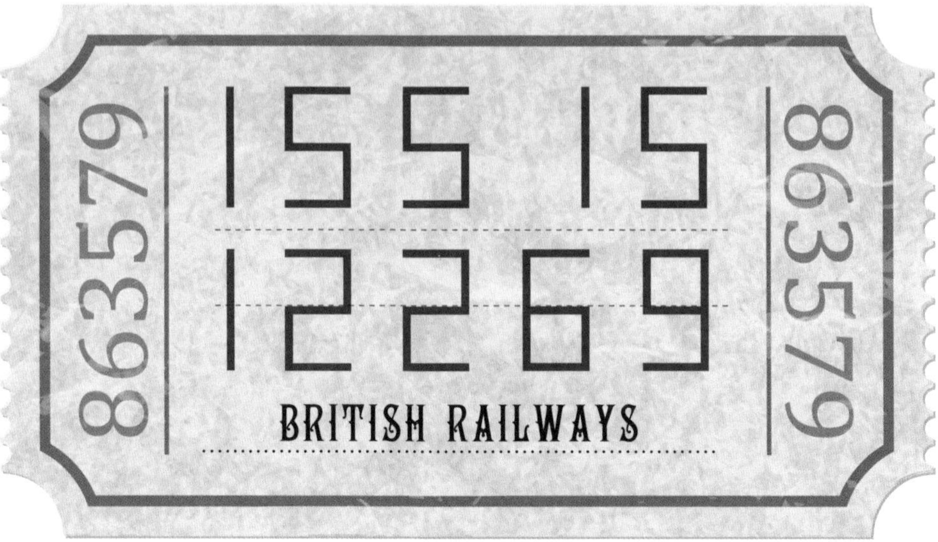

5-MINUTEN-RÄTSEL

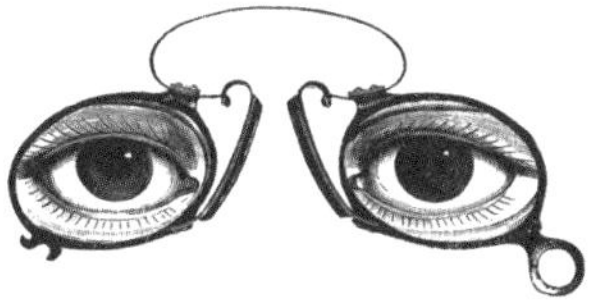

EIN FRISCHES PAAR AUGEN

Problemlösung

★★★

Bevor der Doktor und der Detektiv von einem Auftrag zurückkehren, will Mrs Hudson in der Baker Street Frühjahrsputz machen. Dabei bemerkt sie, dass Sherlock ein Blatt Papier mit einem Zahlenraster und einer Art Checkliste auf seinem Schreibtisch hat liegen lassen. Offenbar hat Mr Holmes über einem Rätsel gegrübelt und die Daten seiner fruchtlosen Lösungsversuche auf der Rückseite des Blattes notiert. Während einer Pause vom Staubwischen versucht sich Mrs Hudson an dem Rätsel. Es wäre doch lustig, wenn sie es noch vor Sherlocks Rückkehr lösen könnte. Londons berühmtester Detektiv wäre ganz schön geschockt!

Jeder der 28 Dominosteine von 0-0 bis 6–6 befindet sich genau einmal in dem Zahlenraster. Können Sie sie alle entdecken und die Begrenzungen der einzelnen Steine ins Raster eintragen?

0	0	0	3	0	5	3	2
1	4	6	6	4	5	4	5
2	6	5	6	3	1	5	2
0	3	5	0	3	2	6	4
5	2	1	2	1	2	6	4
2	6	1	0	3	4	5	4
3	1	4	1	1	6	0	3

	0	1	2	3	4	5	6
6							
5							
4							
3							
2							
1							
0							

2-MINUTEN-RÄTSEL

BRIEFGEHEIMNIS

Problemlösung

★ ★ ★

Ratlos kratzte sich der Scotland-Yard-Beamte am Kopf. Soeben hatte er einen Brief geöffnet, der eine wirklich seltsame Nachricht enthielt. Können Sie herausfinden, mit wem der Polizist Kontakt aufnehmen soll?

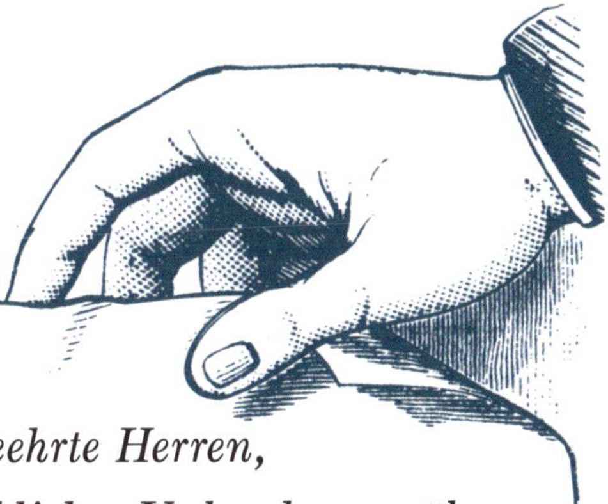

Sehr geehrte Herren,

es wurde ein schreckliches Verbrechen verübt – für weitere Informationen kontaktieren Sie bitte:

AYWNORHRSLI

Mit freundlichen Grüßen

7, 1, 6, 8, 2, 3, 11, 10, 9, 5, 4

2-MINUTEN-RÄTSEL

AUF DÜNNEM EIS

Um die Ecke gedacht

★★★

Diebe sind in London am Werk gewesen und haben ihre Beute schlauerweise in Eisblöcken versteckt. Holmes und Watson sollen nun die gestohlenen Sachen an ihre rechtmäßigen Besitzer zurückzugeben. Das Diebesgut ist in Eisblöcken eingeschlossen, von denen jeder drei Stones (ein Stone entspricht 224 Unzen) wiegt, und fünf Gläser warmes Wasser können eine halbe Unze Eis zum Schmelzen bringen. Wie viele Gläser sind also zwingend nötig, um einen Block aufzutauen?

5-MINUTEN-RÄTSEL

DAS LETZTE WORT

Problemlösung

★ ★ ★

In dieser Zimmerecke war ein großes Stück Farbe abgeblättert, dahinter zeigte sich die nackte, grob verputzte Wand. Über diese kahle Stelle war in blutroter Farbe ein einziges Wort geschrieben.“

In *Eine Studie in Scharlachrot* steht das Wort RACHE an einer Wand des Hauses in Lauriston Gardens. Lestrade glaubt, dass eigentlich der Name „Rachel“ gemeint ist, doch Holmes hält diese Annahme für falsch.

Wie oft können Sie den Namen „Rachel“ im folgenden Raster finden? Er kann in horizontaler, vertikaler oder diagonaler Richtung auftauchen und vorwärts oder auch rückwärts geschrieben sein.

C	E	E	A	L	R	H	R	L	R	R	A	A
A	L	R	L	C	E	H	L	A	L	L	C	C
E	R	C	A	R	A	H	R	A	A	C	R	R
C	H	C	C	C	A	E	C	R	R	A	L	C
L	E	H	C	A	R	C	C	A	C	H	R	L
R	R	E	L	R	C	E	H	H	R	A	H	H
A	A	A	C	E	R	E	E	C	C	H	H	L
C	C	C	H	C	H	L	H	H	C	H	C	C
H	H	E	H	H	R	C	E	C	E	L	H	E
E	E	L	E	E	C	L	E	R	H	C	L	H
L	L	C	H	E	L	E	H	C	A	R	L	H
A	H	L	C	R	L	L	C	C	L	H	L	E
R	A	E	C	H	A	A	H	A	E	C	C	H

2-MINUTEN-RÄTSEL

ALLES DA UND ALLES FALSCH

Problemlösung

★★★

Watson hatte sich sehr ins Zeug gelegt und für Sherlock ein ziemlich teures Geburtstagsgeschenk besorgt, und zwar eine luxuriöse und kunstvoll verzierte Kiste, in der Sherlock seine Pfeife aufbewahren konnte. Das Geschenk sollte sogar eine originelle persönliche Note bekommen: Jeder Buchstabe des Namens HOLMES sollte je einmal in jeder Zeile und Spalte eines 6 × 6 Felder großen Rasters auf dem Deckel der Kiste erscheinen. Leider war bei der Herstellung etwas schiefgelaufen und etliche Felder waren leer geblieben. Können Sie mit den richtigen Buchstaben die Lücken füllen?

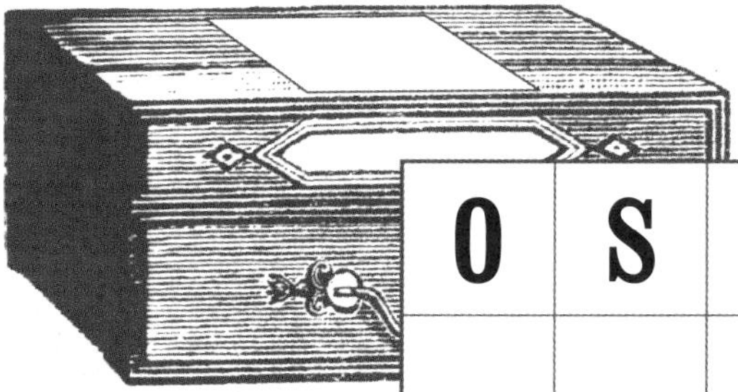

O	S			E	L
		M		L	
S	M				
				M	E
	L		O		
L	E			S	M

30-SEKUNDEN-
RÄTSEL

FARBENLEHRE

Problemlösung

★ ★ ★

Aufgrund eines Unfalls litt Watson an Sehstörungen. Und da Holmes nicht der mitfühlendste aller Menschen war, ging es ihm schnell auf die Nerven, dass Watson nun andauernd Unterstützung benötigte. Also begann er, dem Doktor jedes Mal eine Rätselfrage zu stellen, wenn dieser ihn um Hilfe bat. So auch als Watson darum bat, ihm bei der Suche nach zueinanderpassenden Schuhen zu helfen. Watson hatte insgesamt zwölf Schuhe in seinem Schrank – vier graue, vier schwarze und vier braune.

„Nun, mein lieber Watson, Sie wissen ja, wie viele Schuhe von jeder Farbe Sie besitzen. Doch wie viele Schuhe müssen Sie aus Ihrem Schrank nehmen, bis Sie ganz sicher mindestens zwei in derselben Farbe haben?“

2-MINUTEN-RÄTSEL

DER GROSSE ABWASCH

Mathematik

★★★

Nach einer Woche bei ihrer Schwester kehrte Mrs Hudson in die Baker Street zurück und war sprachlos angesichts der Töpfe und Pfannen, die sich in der Küche stapelten. Es stellte sich heraus, dass Holmes und Watson nicht ein einziges Mal abgewaschen hatten. Vor allem die Menge an benutztem Besteck im Spülbecken war ziemlich groß.

Mrs Hudson war entsetzt, als sie auf insgesamt 63 schmutzige Löffel und Gabeln kam – sie hatte gar nicht gewusst, dass so viele im Haus waren! Wenn zweieinhalb Mal so viele Löffel wie Gabeln im Spülbecken lagen – wie viele Teile von jeder Besteckart musste Mrs Hudson dann abwaschen?

5-MINUTEN-RÄTSEL

VIER ZAHLEN

Problemlösung

★★★

„Während der einzelne Mensch ein unlösbares Rätsel ist, wird er in der Menge zur mathematischen Gewissheit.“

Lösen Sie das folgende Zahlenrätsel. Die am Rand stehenden Zahlen können horizontal, vertikal und diagonal sowie vorwärts und rückwärts im Raster versteckt sein. Wenn Sie alle Zahlen gefunden haben, können Sie dann noch sagen, was die übrig gebliebenen Ziffern mit dem Roman *Das Zeichen der Vier* zu tun haben?

2	3	2	7	6	8	7	6	5	6	5	4
3	2	3	4	0	1	2	3	2	1	7	3
4	4	2	4	5	3	4	5	4	3	0	1
2	1	9	1	2	3	8	4	5	2	8	0
3	9	7	6	2	2	2	6	9	1	2	4
4	1	8	3	4	3	5	4	3	5	3	2
2	7	6	3	3	5	7	5	3	5	4	5
3	2	2	8	2	1	6	8	3	2	6	8
8	7	7	8	8	2	6	4	2	7	7	4
9	9	3	8	8	1	6	9	5	3	5	0
1	1	7	1	5	4	1	6	3	8	4	4
6	9	2	1	3	4	2	7	8	6	7	2

182
301
1516
2584
5654
6138
9213
08254
21962
45764
56756
63844
64564
70386
87923
273726
342786
396133
546453
782342
1171541
1188833
1232173
2419172
4354353
4534543
4564587
6786723
8823422
9723428
23423423
23423542
34643534

IM SPIEGEL

Wahrnehmung

★★★

„Ich weiß nicht, was es mit dem Gesicht auf sich hatte, Mr Holmes, aber als ich es sah, lief es mir kalt den Rücken herunter. Es war ein bisschen zu weit weg, ich konnte die Züge nicht genau erkennen, aber da war etwas Unnatürliches und Unmenschliches an diesem Gesicht ... Ich habe dann bestimmt fünf Minuten still dagestanden und über das Ganze nachgedacht. Ich musste erst einmal meine Eindrücke verarbeiten.“

Der Zeuge eines Raubüberfalls beschreibt seine Begegnung mit dem Täter. Allerdings hat er dessen Gesicht nur in einem Spiegel gesehen. Können Sie sagen, welches der Spiegelbilder (A–D) das des Räubers ist?

A B C D

BARCODE

Um die Ecke gedacht

★ ★ ★

Sherlock war mit einem Kontaktmann von der Polizei in einer Weinbar verabredet, um mit ihm über einen Fall zu sprechen. Der Polizist hatte den Eindruck, er würde verfolgt, und wollte Sherlock in einer möglichst lauten Ecke des Lokals treffen, sodass niemand ihnen heimlich zuhören konnte.

Der Polizist zeigte Sherlock das unten abgebildete Stück Papier. So sehr er es auch versucht hatte – er konnte in der Botschaft einfach keinen Sinn erkennen. Aufgrund der Worte ganz oben auf dem Papier war er sich sicher, dass es hier einen Namen zu enthüllen gab, der zur Lösung des Falles führen würde. Sherlock warf einen Blick auf das Blatt und nannte sofort den gesuchten Namen. Können Sie das auch?

GÜTESIEGEL

Wahrnehmung

★ ★ ★

Er warf ein dickes, rosafarbenes Blatt Briefpapier zu mir herüber, das offen auf dem Tisch gelegen hatte.

„Der Mann, der den Brief geschrieben hat, ist offenbar ziemlich wohlhabend", sagte ich [Watson] in dem Bemühen, die Vorgehensweise meines Begleiters zu imitieren. *„Diese Sorte Papier kostet mindestens eine halbe Krone pro Paket. Es ist auffällig stark und fest."*

Nicht nur das Papier, auf dem der Brief geschrieben wurde, war edel und gediegen – auch das wächserne Siegel zeigte ein auffälliges Muster. Wie viele Dreiecke können Sie im folgenden Bild erkennen?

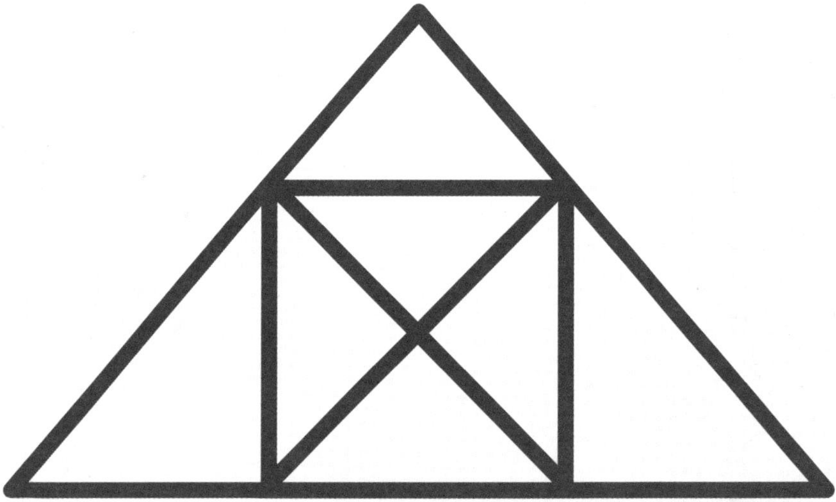

60-SEKUNDEN-RÄTSEL

VORSICHT, STUFEN!

Problemlösung

★★★

„Sie haben die Stufen, die von der Halle hinauf zu diesem Zimmer führen, schon mal gesehen?“
„Schon oft.“
„Wie oft?“
„Nun … ein paar Hundert Mal.“
„Und wie viele Stufen sind es?“
„Wie viele? Das weiß ich nicht.“
„Stimmt! Sie haben nämlich nicht genau beobachtet. Und doch haben Sie hingesehen.“

In *Ein Skandal in Böhmen* verärgert Sherlock seinen Assistenten mit diesem Kommentar. Watson beschließt deshalb, die Stufen nicht nur zu zählen, sondern sie auch genau zu studieren, damit er seinerseits dem berühmten Detektiv ein paar Fragen stellen kann. Wie im folgenden Diagramm zu erkennen ist, hat Watson im Treppenhaus ein paar Messungen vorgenommen. Können Sie mit deren Hilfe den Umfang der gezeigten Stufen berechnen?

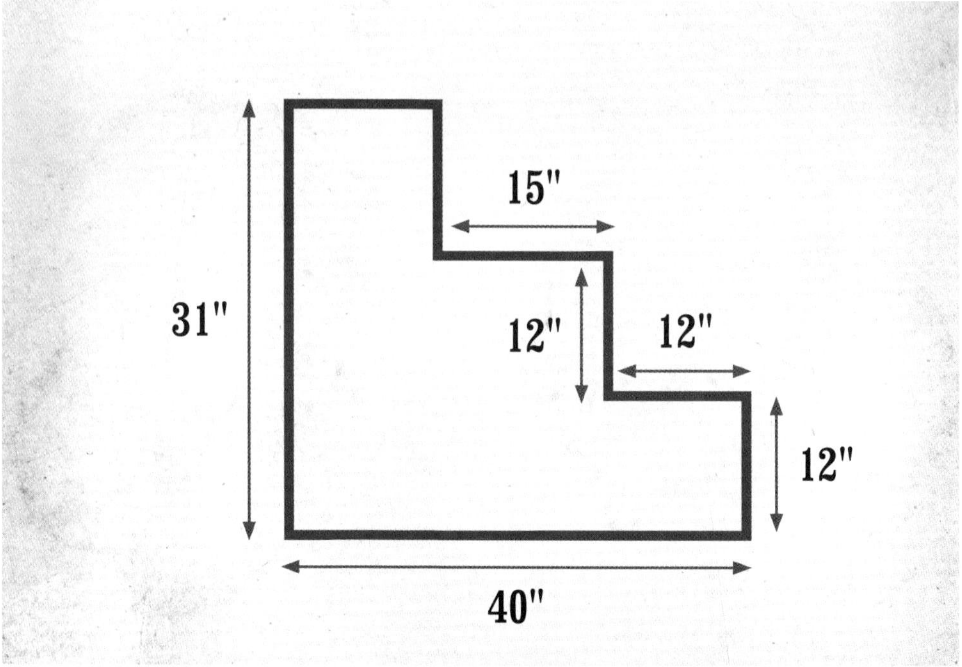

30-SEKUNDEN-RÄTSEL

PAPIERTIGER

Wahrnehmung

★★★

Vor Watson liegen zwei Blatt Papier. Sie sind in der Mitte gefaltet, um die Wörter zu verbergen, die auf ihnen stehen. Daneben liegt folgende Notiz von Sherlock Holmes: *„Der zweitgefährlichste Mann von London.“*

Können Sie herausfinden, was auf den beiden Blättern steht, und so den Namen des Mannes erraten, auf den Sherlock anspielt?

60-SEKUNDEN-RÄTSEL

UMGEHAUEN

Wahrnehmung

★ ★ ★

Die Haushälterin hat Watsons beeindruckende Menge an Hüten aus Versehen zu Boden geworfen. Wie viele Hüte können Sie im folgenden Bild erkennen?

KREISLAUF DES LEBENS

Problemlösung

★★★

Wir trafen uns wie vereinbart am nächsten Tag und schauten uns das Haus Baker Street 221 B an, über das wir bei unserem Treffen gesprochen hatten ... Ein oder zwei Tage lang waren wir eifrig damit beschäftigt, unsere Sachen auszupacken und sie auf die bestmögliche Weise zu arrangieren. Danach begannen wir uns etwas einzugewöhnen und uns mit unserer neuen Umgebung vertraut zu machen.“

Die berühmte Partnerschaft von Holmes und Watson festigte sich, als sie in ihr gemeinsames Haus in der Baker Street zogen. Watson war ganz in der Nähe aufgewachsen und hatte das Gefühl, sein Leben kehre an seinen Ausgangspunkt zurück.

Können Sie das folgende Kreis-Sudoku lösen? Hierzu müssen Sie die Zahlen 1 bis 8 je einmal in jedem der acht Segmente und in jedem der konzentrischen Kreise unterbringen.

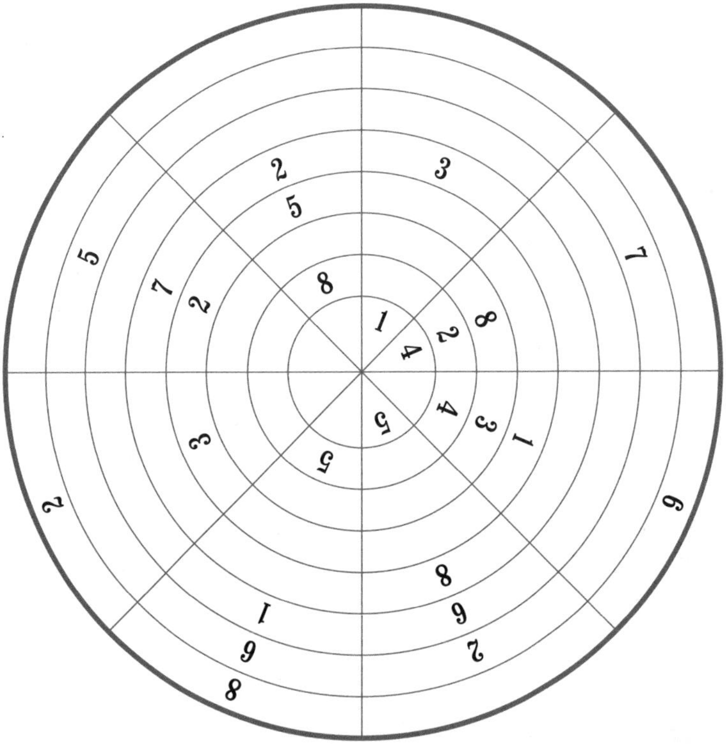

5-MINUTEN-RÄTSEL

VOM WINDE VERWEHT

Problemlösung

★★★

Beim Staubwischen pfeift eine Windböe durch das offene Fenster und wirbelt ein paar von Sherlocks Papieren auf. Da Mrs Hudson weiß, wie sehr Sherlock es hasst, wenn seine Arbeit durcheinandergerät, versucht sie, die Dokumente wieder in ihre richtige Ordnung zu bringen. Dabei entdeckt sie einige seltsam geformte Papierausschnitte, auf denen Felder mit Zahlen zu sehen sind. Diese Ausschnitte müssen wie bei einem Puzzle in ein leeres, 6 × 6 Felder großes Raster eingepasst werden. Wo muss Mrs Hudson die einzelnen Papierfetzen im Raster hinlegen, um Sherlocks Arbeit wiederherzustellen? Die Ausschnitte dürfen nicht gedreht werden. Wenn Sie sie korrekt in das Raster eingepasst haben, lösen Sie das Rätsel, indem Sie die Zahlen 1 bis 6 je einmal in jede Zeile und Spalte sowie in jedes der sechs „Puzzleteile" eintragen.

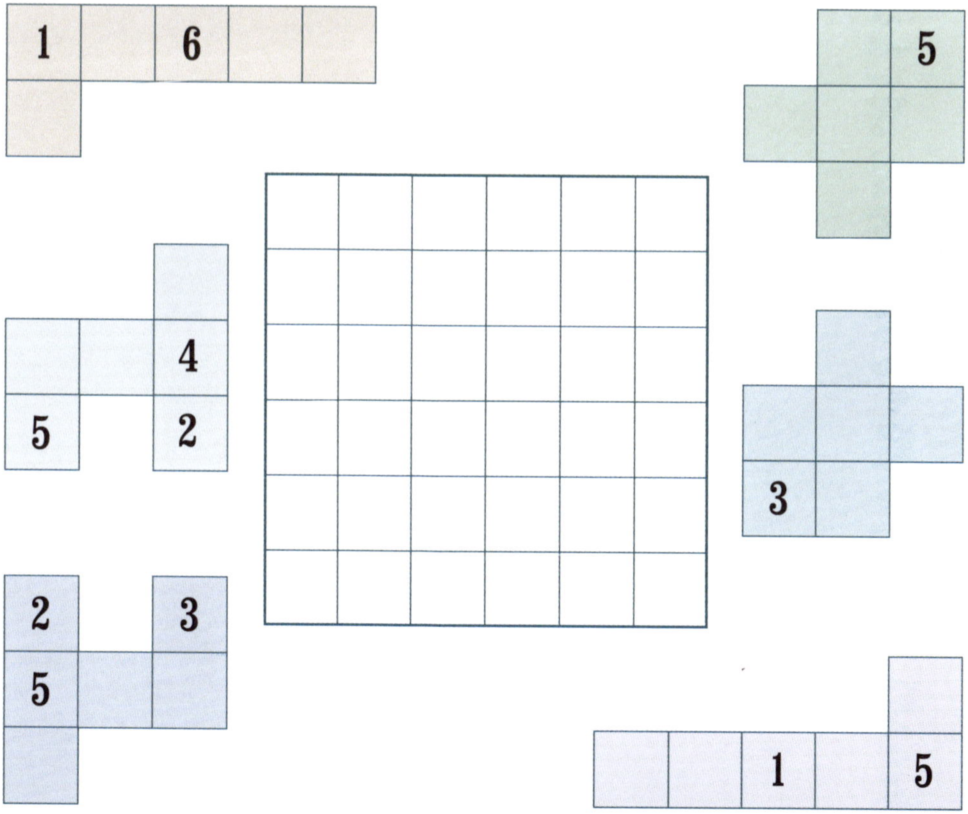

MIT ALLEN TRICKS

Problemlösung

★ ★ ★

Holmes und Watson haben einen Verbrecher gefasst, der einen Mann entführt hat, um Lösegeld von dessen wohlhabender Familie zu erpressen. Doch obwohl er nun in Haft ist, verrät der Übeltäter nicht, wo sich der arme Teufel aufhält, sondern zeigt nur auf ein Bücherregal in seinem Arbeitszimmer. Holmes glaubt, dass sich durch das Anordnen einzelner Bücher nach einem bestimmten Schema ein geheimer Weg zu dem Gefangenen ergibt. Können Sie das Rätsel lösen und auf jeden leeren Buchrücken die richtigen Buchstaben schreiben? Auf diese Weise helfen Sie den beiden Detektiven dabei, das Opfer zu befreien. Sherlock ahnt, dass die Zahl auf jedem Buch sich aus der Summe der Zahlen auf den Büchern direkt unter ihm ergibt. Alle Zahlen sind in römischen Ziffern geschrieben.

CDXXXI
CCLI
XXXIII
XLIII
XXVI
XI
X
XXIII
XX
V
V
II
XX

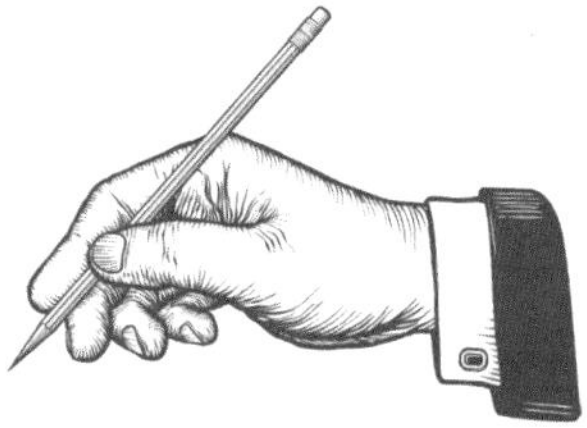

ALLGEMEINBILDUNG

Gedächtnistraining

★★★

Ich ließ jedoch unser kurzes Gespräch Revue passieren und bemühte mich, meine Schlüsse daraus zu ziehen ... Ich griff sogar zum Stift und schrieb sie nieder. Als ich mit der Liste fertig war, konnte ich mir ein Lächeln nicht verkneifen.“

Nach ihrem ersten Zusammentreffen hat Watson die Stärken und Schwächen des angesehenen Detektivs schriftlich zusammengefasst. Schauen Sie sich die Liste auf der nächsten Seite drei Minuten lang an und beantworten Sie dann die unten stehenden Fragen, ohne nochmals auf die Liste zu sehen.

FRAGEN

1) Um welches Wissensgebiet geht es in Punkt vier auf der Liste?
2) Welche drei Worte verwendet Watson, um Sherlocks Kenntnisse in Anatomie zu bewerten?
3) Von wie vielen Themen hat Sherlock laut Watson „keine“ Kenntnisse?
4) Unter Punkt elf wird erwähnt, dass Sherlock sich mit drei Aktivitäten gut auskennt. Welche sind das?
5) Welches einzelne Wort verwendet Watson, um Sherlocks Kenntnisse in Botanik zu bewerten?

1. Kenntnisse in Literatur – Keine.
2. Kenntnisse in Philosophie – Keine.
3. Kenntnisse in Astronomie – Keine.
4. Kenntnisse in Politik – Schwach.
5. Kenntnisse in Botanik – Unterschiedlich. Kennt sich gut mit Tollkirschen aus ... und mit Giften ganz allgemein. Weiß nichts über praktische Gartenarbeit.
6. Kenntnisse in Geologie – Vorhanden, aber begrenzt. Kann mit einem Blick verschiedene Arten Erde voneinander unterscheiden. Hat mir Spritzer auf seiner Hose gezeigt und konnte mir anhand von Farbe und Beschaffenheit sagen, in welchem Teil von London er sie sich beim Spazierengehen zugezogen hat.
7. Kenntnisse in Chemie – Umfassend.
8. Kenntnisse in Anatomie – Präzise, aber unsystematisch.
9. Kenntnisse in Kriminalliteratur – Immens. Er scheint jedes Detail zu jedem Verbrechen zu kennen, das in diesem Jahrhundert verübt wurde.
10. Spielt gut Geige.
11. Ist ein sehr guter Singlestick-Kämpfer, Boxer und Fechter.
12. Hat gute praktische Kenntnisse im britischen Recht.

IN DER HÖHLE DES LÖWEN

Um die Ecke gedacht

★ ★ ★

Nachdem er lange überlegt hatte, klopfte Lestrade an die Tür von Sherlocks Haus in der Baker Street und bat um einen speziellen Gefallen. Er fragte sich nämlich, ob es nicht möglich wäre, dass Sherlock ihn ein wenig in seine Technik des Um-die-Ecke-Denkens einführen könnte, mit deren Hilfe er Fälle löste, an denen andere verzweifelten. Sherlock stimmte zu und begann mit dem folgenden Rätsel. Können Sie es lösen?

„Eine Frau schlendert gemächlich herum und erfreut sich an der schönen Umgebung. Es ist ein wunderbar warmer Sommertag und alle genießen das Wetter. Plötzlich erblickt sie in einiger Entfernung einen Löwen. Doch anstatt dem Tier auszuweichen, setzt die Dame ihren Weg fort und geht ganz bewusst auf die tödliche Bestie zu! Warum?“

5-MINUTEN-RÄTSEL

ROHDIAMANT

Problemlösung

★ ★ ★

Lestrade hat Sherlock Holmes aufs Polizeirevier gebeten und hofft, er möge in der Lage sein, den Wert des blauen Karfunkels der Gräfin von Morcar zu schätzen. Dieser Stein wurde erst kürzlich im Innern einer Weihnachtsgans wiedergefunden, und die Gräfin hat eine angemessene Belohnung für seine Wiederbeschaffung versprochen. Aufgrund seines umfassenden Wissens über Edelsteine und Mineralien ist Sherlock genau der richtige Mann für die Aufgabe. Setzen Sie die fehlenden Zahlen ein, um Sherlocks Kalkulation zum Wert des Edelsteins zu komplettieren. Die Summe der Zahlen in den beiden markierten Dreiecken ergibt am Ende den geschätzten Wert des blauen Karfunkels in Pfund. Jedes der Sechsecke im unten stehenden Raster besteht aus sechs Dreiecken. Die Summe aus diesen sechs Dreiecken ist immer 25. Tragen Sie in jedes leere Dreieck eine Zahl zwischen 1 und 9 ein, wobei sich innerhalb eines Sechsecks keine Zahl wiederholen darf.

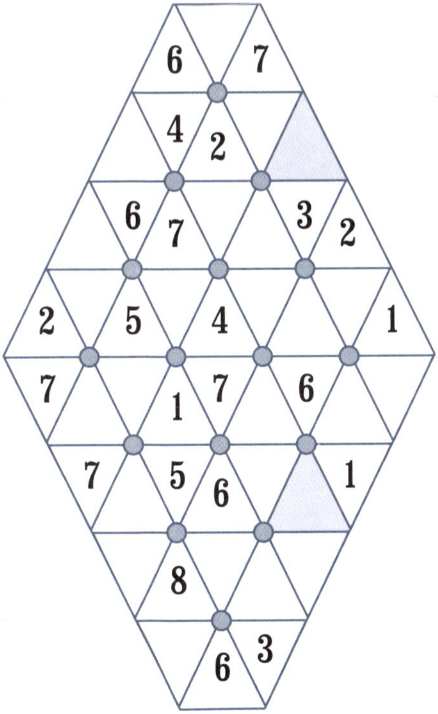

60-SEKUNDEN-RÄTSEL

ESELS-SCHINDEREI

Mathematik

★ ★ ★

Unauffällig beobachtete Sherlock Holmes das Kommen und Gehen auf einem Bauernhof, nachdem er von der Polizei gehört hatte, dort seien wahrscheinlich irgendwelche heimlichen Aktivitäten im Gange. Wie so oft bei verdeckten Ermittlungen, gab es lange Zeiträume, in denen nichts Interessantes passierte. Heute war so ein Tag. Sherlock hatte den Tag hoch oben in einem Baum verbracht, und alles, was er gesehen hatte, war ein Arbeiter gewesen, der eine Koppel für ein paar Esel anlegte, die neu auf dem Hof waren. Unter anderem hatte er einen Zaun errichtet, der von einem Ende zum anderen zehn Meter maß. Die Zaunpfähle hatte er in jeweils einem Meter Abstand voneinander in die Erde gerammt. Wie viele Pfähle hat er also insgesamt für den Zehn-Meter-Zaun gebraucht?

5-MINUTEN-RÄTSEL

VERLOREN AUF SEE

Problemlösung

★ ★ ★

Lestrade hat Holmes und Watson gebeten, ihm beim Bestimmen der Positionen einiger Schiffe zu helfen, die vor der Küste verloren gegangen sind. Der Inspektor wird nicht schlau aus dem Dokument, das ihm die Küstenwache gegeben hat. Helfen Sie dem Inspektor dabei, die Schiffe im unten stehenden Raster zu lokalisieren, und nutzen Sie dabei einzig und allein Ihr logisches Denkvermögen.

Die Zahlen an den Rändern des Rasters stehen für die Anzahl von Schiffsteilen in den einzelnen Zeilen und Spalten. Jedes Schiff ist auf allen Seiten (horizontal, vertikal und diagonal) von Wasser umgeben. Insgesamt lassen sich zehn Schiffe unterschiedlicher Größe im Raster finden

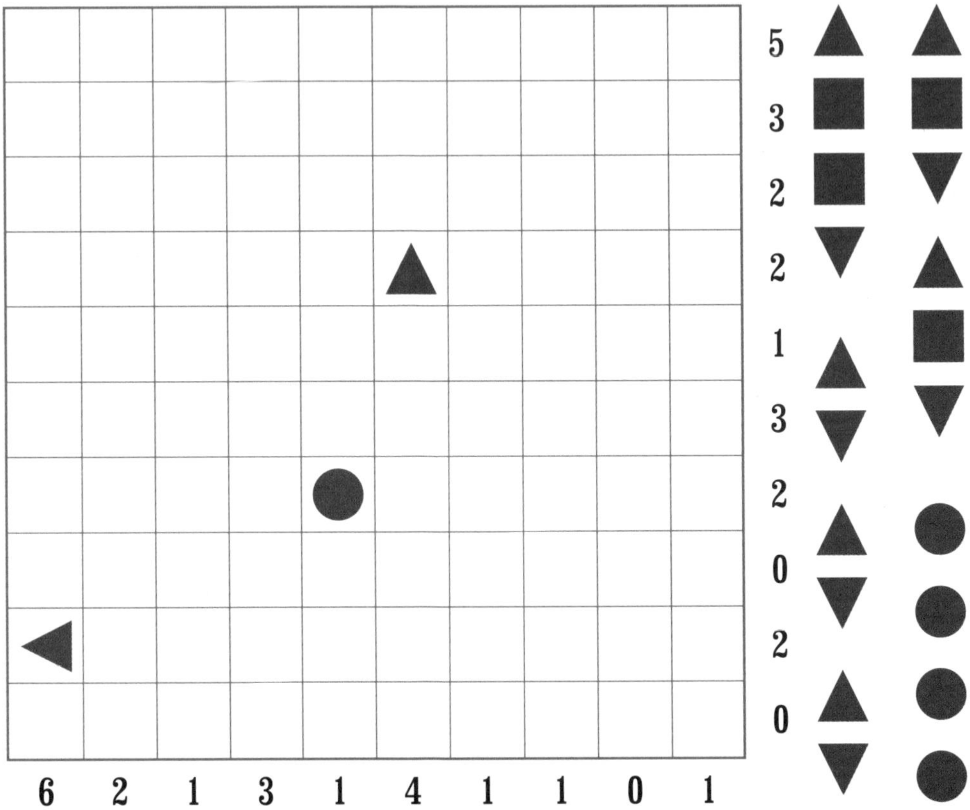

5-MINUTEN-RÄTSEL

BRÜCKEN ÜBERS WASSER

Problemlösung

★ ★ ★

Holmes und Watson helfen der Polizei von Venedig dabei, einen international agierenden Juwelendieb zu fassen. Da sie dem Übeltäter dicht auf den Fersen sind, versucht dieser, den beiden Detektiven durch das komplizierte Labyrinth der Kanäle zu entkommen. Zeichnen Sie den Weg nach, den Holmes und Watson vom Eingang bis zum Ausgang gehen müssen, um den Erzschurken zur Strecke zu bringen. Das Labyrinth enthält etliche Brücke, die man entweder über- oder unterqueren kann.

KENNE DEINEN FEIND

Mathematik

★★★

Während er sich zusammen mit Watson den Reichenbachfällen näherte, war Sherlock sehr wohl bewusst, dass er von seinem Erzfeind Moriarty dabei beobachtet wurde. Doch er hatte soeben erst bemerkt, dass Moriarty nicht allein war, sondern mehrere Begleiter bei sich hatte. Darunter waren drei Jungen, von denen einer Watson einen gefälschten Brief übergeben hatte, in dem es um eine kranke Frau ging. Dies sollte dazu dienen, dass Watson zurück ins Hotel ging und Sherlock allein ließ. Einer der Jungen war 150 cm groß und die durchschnittliche Größe der drei Jungen lag bei 145 cm. Können Sie die Größe der beiden anderen Jungen ermitteln, wenn Sie wissen, dass einer der beiden 5 cm größer war als der andere?

30-SEKUNDEN-RÄTSEL

PRALINENROULETTE

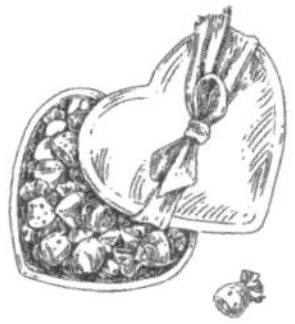

Mathematik

★ ★ ★

Sherlock feiert den glücklichen Abschluss eines Falles mit einer Schachtel Minzpralinen, die Mrs Hudson ihm gekauft hat. In der Schachtel sind zwölf Pralinen mit einer Glasur aus weißer Schokolade, zehn mit einer aus Milchschokolade und 13 mit einer aus dunkler Schokolade. Heute ist Sherlock nach einer Praline mit Milchschokolade und er wird sich mit keiner der beiden anderen Möglichkeiten zufriedengeben. Als er jedoch den Arm ausstreckt, fällt ihm die Schachtel auf den Boden und die Pralinen werden überallhin verstreut. Wenn er nun blindlings eine der Pralinen vom Boden aufhebt, wie hoch ist dann die Chance, dass er vom Ergebnis enttäuscht ist?

2-MINUTEN-RÄTSEL

VERGEBLICHE LIEBESMÜH

Problemlösung

★ ★ ★

Als unverbesserlicher Romantiker hat Quentin einer Bekannten monatelang den Hof gemacht, bis sie seinem Werben endlich nachgegeben hat. Doch Sie können sich seinen Ärger vorstellen, als er nur wenige Tage später als Mordverdächtiger verhaftet wurde, woraufhin seine Bekannte die Beziehung prompt beendete. Verzweifelt wandte er sich an Sherlock Holmes und bat ihn, den Fall zu lösen und seine Unschuld zu beweisen. Wenn Quentin am 1. März begonnen hatte, der Dame den Hof zu machen, und sie ihn 196 Tage später erhörte – an welchem Datum erklärte sich seine Bekannte dann bereit, mit ihm auszugehen?

2-MINUTEN-RÄTSEL

ZWEITE GEIGE

Wahrnehmung

★ ★ ★

„Mein lieber Watson", sagte Sherlock Holmes. *„Wenn man ein berühmter Detektiv werden will, darf einem nicht das kleinste Detail entgehen."*

Wie gut ist Ihre Beobachtungsgabe? Welche der unten abgebildeten Geigen passt nicht zu den anderen?

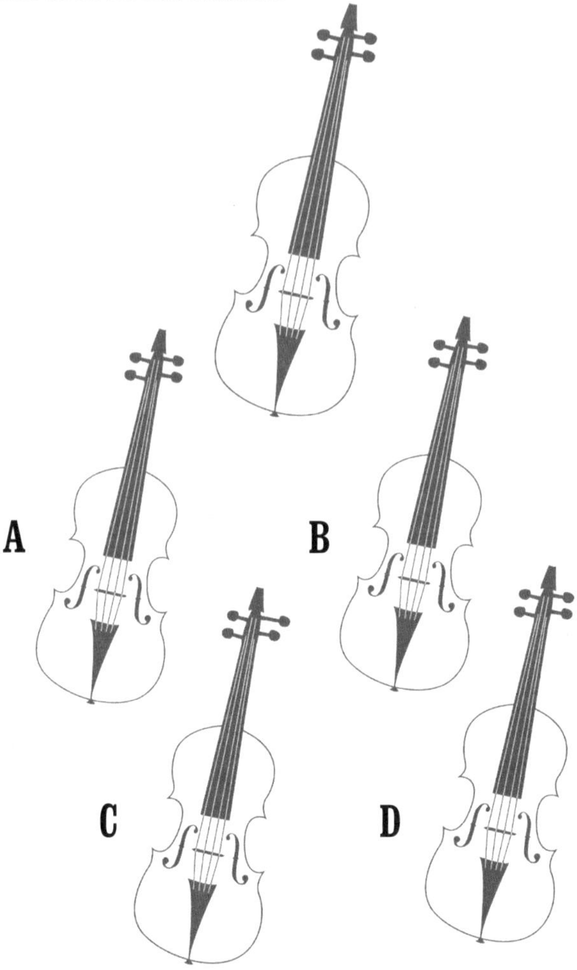

2-MINUTEN-RÄTSEL

SPÜRHUNDE

Mathematik

★★★

Holmes, Lestrade und Watson sind einem Verdächtigen auf den Fersen, dessen Spur sie bis in einen dichten Wald verfolgen konnten. Sie wissen, dass der Gesuchte sich irgendwo in dem unten abgebildeten Gebiet versteckt hält, doch um ihn möglichst schnell und gezielt aufzufinden, brauchen sie Verstärkung in Form von Spürhunden. Können Sie mithilfe der Informationen in und neben der abgebildeten Karte ermitteln, wie viele Hunde sie anfordern sollten, um den Verbrecher zu fassen? Die Anzahl der benötigten Hunde hängt von der Größe des Gebiets ab, das abzusuchen ist.

0 m² bis 25 m² = 5 Spürhunde
25 m² bis 50 m² = 10 Spürhunde
50 m² bis 75 m² = 15 Spürhunde
75 m² bis 100 m² = 20 Spürhunde

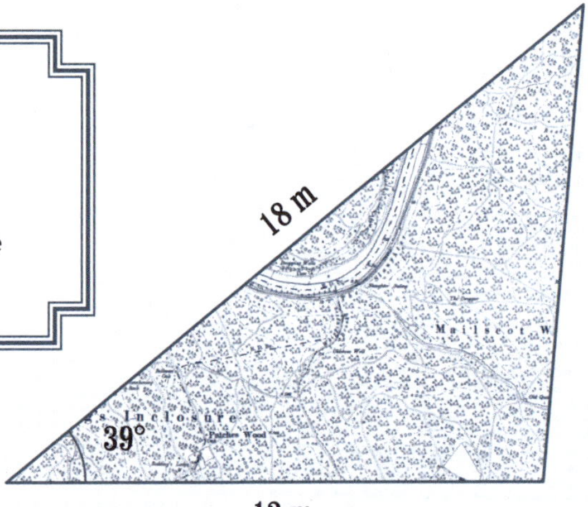

60-SEKUNDEN-RÄTSEL

DIE BUCHSTABEN DES GESETZES

Um die Ecke gedacht

★★★

Holmes und Watson sind einem Unbekannten auf der Spur und konnten ihn bis zu einem verlassenen Haus in East London verfolgen. Es scheint so, als habe der Flüchtige, der im Rahmen einer laufenden Ermittlung gesucht wird, eine Weile von hier aus agiert. Doch alles, was die beiden Detektive finden, sind eine Schreibmaschine und ein Stapel Papier auf einem Schreibtisch. Nachdem er sich das Ganze näher angesehen hat, erklärt Holmes, er kenne nun die Identität des Gesuchten. Wissen Sie, wer es ist? Wenn Sie sich mit den Figuren in den Sherlock-Holmes-Geschichten ein wenig auskennen, wird Ihnen das sicher helfen.

ZEUGENSCHUTZ

Problemlösung

★★★

Sherlock und Dr. Watson besuchen eine Kirche, in der ein Mann beschützt wird, der einen wirklich schlimmen Mord beobachtet hat. Und es wurde bereits versucht, auch ihn umzubringen. Es ist ein Tag im Mai, und die beiden Detektive wollen dem Zeugen ein paar Fragen zu den wichtigsten Einzelheiten des Falles stellen. Aber welcher Tag des Monats ist es? Die Tageszahl ist nicht gerade, keine Primzahl und kein Vielfaches von drei. Außerdem war gestern derselbe Monat wie heute.

60-SEKUNDEN-RÄTSEL

ALLES OFFEN

Um die Ecke gedacht

★ ★ ★

Während er darauf wartet, von Holmes in einen neuen Fall eingewiesen zu werden, versucht Dr. Watson seine Kreativität zu trainieren, indem er ein paar Rätsel löst, bei denen es darauf ankommt, um die Ecke zu denken. Können Sie ihm dabei helfen, die folgende Denksportaufgabe zu lösen?

Ein Mann erwacht aus einem Alptraum und beginnt mit seiner Morgenroutine. Er zieht die Vorhänge auf, öffnet das Fenster und ein Schwall frischer Luft dringt ins Zimmer ein. Dann beginnt er mit den Vorbereitungen für sein Frühstück. Er öffnet den Küchenschrank und findet ein noch ungeöffnetes Päckchen Tee. Er setzt Wasser auf, bereitet seinen Tee zu und legt die Morgenzeitung vor sich auf den Tisch. Jetzt kann er frühstücken. Er probiert versuchsweise ein wenig von seinem heißen Tee und überfliegt die Nachrichten in der Zeitung. Was hat der Mann heute als Erstes geöffnet?

30-SEKUNDEN-RÄTSEL

SCHLAFENSZEIT

Mathematik

★ ★ ★

„Es ist schon seltsam“, sagte Watson an seinem 50. Geburtstag, *„aber ich fühle mich viel jünger – so als wäre ich viel weniger lange am Leben.“* Sherlock dachte ein wenig über diesen Satz nach und antwortete dann: *„In gewisser Weise haben Sie ja auch recht – Sie haben schließlich eine ziemliche Menge Ihrer Lebenszeit schlafend verbracht!“*

Wenn Watson im Durchschnitt sechs Stunden pro Nacht schläft, wie viele Jahre seines Lebens hat er dann verschlafen?

WANDERTAG

Mathematik

★★★

Bei einem speziellen Aufklärungseinsatz zur Vorgehensweise einer Diebesbande teilten sich Sherlock, Watson und Inspektor Lestrade auf und gingen einzeln verschiedene Straßen ab. Jeder von ihnen schlug einen Rundweg ein, der ihn zum Ausgangspunkt zurückführte. Je nach Strecke brauchten sie 12, 18 oder 30 Minuten, um zum Ausgangspunkt zurückzukehren. Wenn sie nun alle immer wieder ihre Strecke abgingen, ohne zwischendurch zu pausieren – wie lange mussten sie dann laufen, bis sie alle drei gleichzeitig wieder am Ausgangspunkt ankamen?

5-MINUTEN-RÄTSEL

TREFFEN DER GROSSEN GEISTER

Problemlösung

★ ★ ★

In ihrem Haus in der Baker Street 221B haben Holmes und Watson ihr monatliches Treffen abgehalten. Um zu verschleiern, wer an diesen Treffen teilnimmt, versteckt Holmes die Namen der Anwesenden in Wortsuchrätseln. Auf diese Weise wird ein Verbrecher, sollte ihm ein solches Papier einmal in die Hände fallen, die Namen der Teilnehmer weniger leicht ermitteln können, wenn er sie nicht ohnehin schon kennt – denn es finden sich noch zahlreiche weitere Zufallsnamen in dem Raster. Soeben gehen Holmes und Watson im Geiste durch, wer am heutigen Treffen teilgenommen hat – neben einem zuverlässigen Spürhund, den Sherlock in Bereitschaft hält für den Fall, dass er sofort einer heißen Spur nachgehen muss. Ihnen fällt auf, dass eine Person, die ihnen versprochen hatte, am Treffen teilzunehmen, nicht erschienen ist. Können Sie anhand der Liste den Namen ermitteln, der als einziger nicht im Raster vorkommt und somit zu der Person gehört, die nicht da war? Wir haben die Namensliste rechts neben dem Raster beigefügt, obwohl Sherlock die Namen in Wirklichkeit natürlich nicht notiert hat.

N	A	T	S	R	O	M	Y	R	A	M	L	L	I	H
I	F	Y	S	O	T	U	R	N	E	R	U	B	F	M
I	N	D	E	D	E	L	A	N	O	D	C	A	M	Y
H	T	I	M	S	R	S	I	R	R	O	M	Y	S	C
O	E	J	L	S	M	A	I	L	L	I	W	N	S	R
P	G	T	O	B	Y	V	W	W	E	O	A	E	E	O
K	R	N	H	H	R	Y	H	D	O	V	N	S	N	F
I	I	O	K	A	N	I	M	D	E	E	A	H	O	T
N	F	S	C	I	T	W	N	O	S	K	C	A	J	H
S	F	G	O	E	S	T	A	M	F	O	R	D	D	O
I	I	E	L	T	E	E	R	T	S	D	A	R	B	L
R	T	R	R	E	N	N	N	O	S	D	U	H	I	M
R	H	G	E	O	D	A	V	I	S	O	T	E	L	E
A	S	A	H	T	H	G	I	R	W	P	N	P	L	S
H	E	A	S	L	E	S	T	R	A	D	E	R	Y	S

BAYNES
BILLY
BRADSTREET
GREGSON
HOPKINS
HUDSON
JOHN WATSON
JONES
LESTRADE
MACDONALD
MARY MORSTAN
MYCROFT HOLMES
SHERLOCK HOLMES
STAMFORD
TOBY

ZEIT FÜR TEE

Mathematik

★ ★ ★

Jeden Tag bereitet Mrs Hudson für Holmes, Watson und sich selbst eine ziemliche Menge Tee zu. Im Juni zum Beispiel hat jeder von ihnen morgens eine Tasse Tee getrunken, nach dem Mittagessen zwei Tassen und am Abend noch eine weitere Tasse. Diese Gewohnheit wurde in den ersten zwei Wochen jeden Tag streng beibehalten. Im restlichen Monat hat jeder von ihnen täglich nur halb so viel Tee getrunken wie in den ersten zwei Wochen. Wie viele Tassen Tee hat Mrs Hudson im Juni also insgesamt zubereitet?

30-SEKUNDEN-RÄTSEL

ZUM ZUSAMMENSETZEN

Wahrnehmung

★ ★ ★

Welches berühmte, gegen Ende des 19. Jahrhunderts errichtete Wahrzeichen Großbritanniens ergibt sich, wenn man die folgenden Einzelteile zusammensetzt?

GEGEN DIE ZEIT

Problemlösung

★ ★ ★

Holmes und Watson besuchen um 11 Uhr morgens ein Boxturnier, denn Holmes ist ein großer Fan dieser Sportart. Sie fragen sich allerdings, wann das Turnier zu Ende sein wird, denn sie machen sich Sorgen, ob sie eine Verabredung in der Baker Street um 14.30 Uhr einhalten können. Im einzigen Boxring vor Ort treten insgesamt sechs Boxer paarweise gegeneinander an. Wenn also jeder Boxer einmal gegen jeden anderen Boxer antritt und jeder dieser Kämpfe genau elf Minuten dauert – werden es die beiden Detektive dann rechtzeitig nach Hause schaffen? Für den Heimweg brauchen sie 30 Minuten, wenn sie nach dem letzten Kampf sofort aufbrechen. Gehen Sie bei Ihren Berechnungen davon aus, dass jeder Kampf unmittelbar nach dem Ende des vorigen beginnt.

10-MINUTEN-RÄTSEL

DAS ZEICHEN DER VIER

Problemlösung

★★★

Neben zahlreichen Kurzgeschichten hat Arthur Conan Doyle vier Romane geschrieben, in denen die Figur Sherlock Holmes vorkam. Einer dieser Romane war *Das Zeichen der Vier.*

Unterteilen Sie das folgende Raster in Vierergruppen, wobei jede der Gruppen aus den Karten Karo-Vier, Herz-Vier, Kreuz-Vier und Pik-Vier bestehen muss.

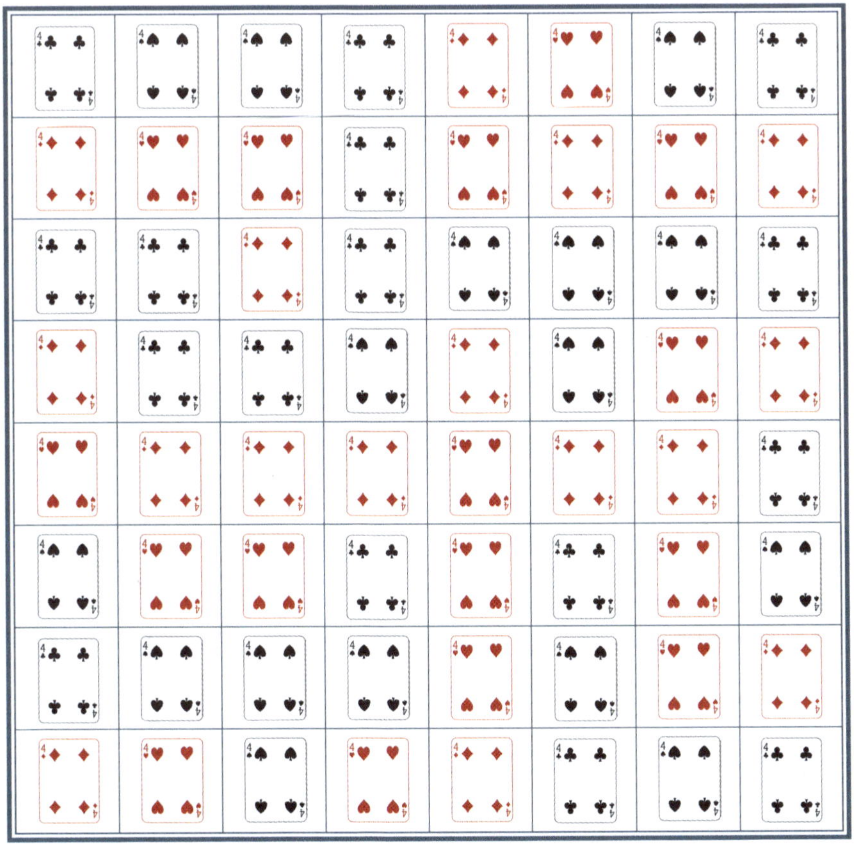

ERDVERBUNDEN

Problemlösung

★★★

Sherlock Holmes war ein Experte darin, verschiedene Arten Erde voneinander zu unterscheiden. Er konnte sogar an ein paar Dreckspritzern auf einer Hose erkennen, aus welchem Teil Londons sie stammten, und daraus folgern, welche Route ein Krimineller genommen hatte, falls er sein Verbrechen an einem regnerischen Tag verübt hatte.

Können Sie sich einen Weg durch die erdfarbenen Kleckse in den Feldern bahnen? Beginnen Sie im markierten Feld oben links und gehen Sie dann weiter bis zu dem ebenfalls markierten Feld ganz unten rechts. Es gibt Kleckse in vier Farbschattierungen. Rücken Sie der Reihe nach vom hellsten zum dunkelsten Farbton vor, springen Sie dann direkt vom dunkelsten zum hellsten und beginnen Sie wieder von vorn. Jedes Feld muss genau einmal besucht werden, und Sie dürfen bei jedem Zug genau ein Feld weiterrücken, und zwar in jede Richtung, auch diagonal.

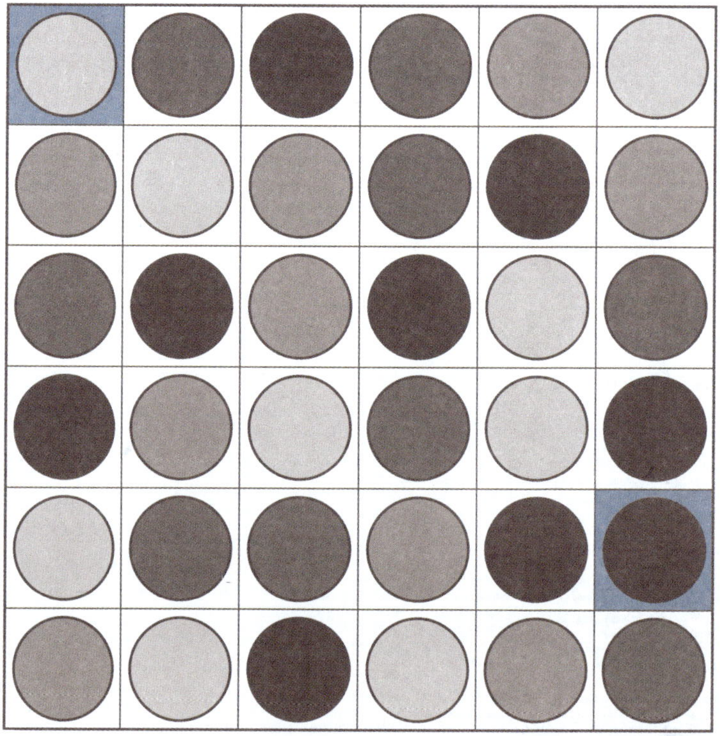

2-MINUTEN-RÄTSEL

AUF DEM RAD

Um die Ecke gedacht

★★★

Holmes und Watson ruhen sich kurz auf einer Parkbank aus. Sie wollen den Kopf frei bekommen, bevor sie sich wieder den Ermittlungen in ihrem aktuellen Fall zuwenden. Von ihrer Bank aus können sie drei Radfahrer beobachten, die immer wieder dieselben Runden drehen. Nach einer Weile beginnt Holmes, die Zeiten dieser drei Radfahrenthusiasten zu messen, und präsentiert seinem Begleiter ein äußerst spannendes Rätsel.

„Mein lieber Watson, wenn die junge Dame drei Runden in fünf Minuten drehen kann, der Herr mit dem Schnurrbart fünf Runden in fünf Minuten schafft und der Mann mit der Melone es in derselben Zeit auf sieben Runden bringt – nach wie vielen Minuten treffen dann erstmals wieder alle drei gleichzeitig an der Startlinie aufeinander?"

STEINDESIGN

Problemlösung

★ ★ ★

Watson sucht einen Juwelier auf, weil er hofft, dort einen Anhänger für seine Frau Mary Morstan zu finden. Schon bald fällt sein Blick auf einen speziellen Anhänger, der gerade repariert wird. Etliche Steine in dem Schmuckstück haben sich aus ihren Fassungen gelöst. Der Juwelier weiß nicht mehr genau, wo jeder einzelne Stein hingehört, doch er ist sich sicher, dass jede der drei verschiedenen Edelsteinarten genau einmal in jeder Reihe und Spalte des Musters vorkommt. Schauen Sie sich die folgende Zeichnung an. Zwei der insgesamt neun Steine sind noch an ihrem ursprünglichen Platz – wohin gehören die übrigen sieben?

60-SEKUNDEN-RÄTSEL

SCHACHBRETT DES TODES

Wahrnehmung

★ ★ ★

Holmes und Watson spielen eine Runde Schach, um ihren Verstand zu trainieren. Es wird jedoch zunehmend klarer, dass Sherlock das Spiel ziemlich langweilig findet. Plötzlich zeichnet er ein paar Linien, sodass ein seltsames Gebilde entsteht, innerhalb dessen sich vier Bauernfiguren befinden.

„So wird es für uns viel unterhaltsamer, Watson! Teilen Sie die Felder dieses Schachbretts in vier identische Formen auf. In jeder dieser Formen muss sich ein Bauer befinden. Und Sie können die Formen natürlich zur Not auch drehen, mein lieber Freund.“

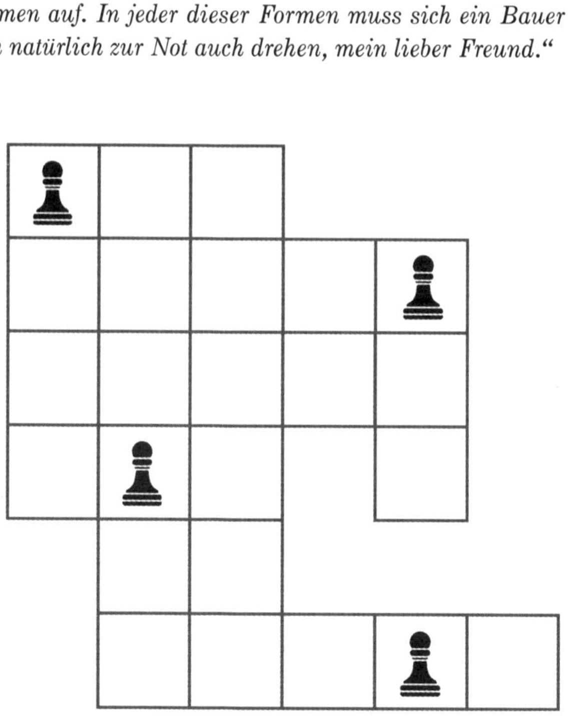

BANKRAUB

Mathematik

★★★

In einem Stadtteil von London sind zwei Banken überfallen worden. Die eine Bank gehört Mr Taylor, die andere Mr Williams. Auf die Frage, wie viel Geld die Diebe gestohlen haben, gibt der Wachtmeister, der jeweils als Erster am Tatort war, Sherlock Holmes zur Antwort:

„Insgesamt wurden in den beiden Banken 900 Pfund gestohlen. Doch in der Bank, die Mr Williams gehört, wurde dreieinhalb Mal so viel Geld geraubt wie in der Bank, die Mr Taylor gehört.“

Wie viel Geld wurde also in jeder der beiden Banken gestohlen?

ES WERDE LICHT

Um die Ecke gedacht

★ ★ ★

Holmes und Watson haben sich in ihr Haus zurückgezogen und genießen ihre freie Zeit nach einem besonders anspruchsvollen Fall. Holmes studiert ein paar Bodenproben aus der Gegend rund um London, während Watson seine Gedanken und Beobachtungen zu Sherlocks Argumentation im letzten Fall niederschreibt. Als der Abend anbricht und es immer dunkler wird, fällt es den beiden zunehmend schwer, ihren jeweiligen Aktivitäten nachzugehen.

„Nun, Watson, stehen Sie nicht einfach so herum! Nehmen Sie dieses Streichholz und erhellen Sie den Raum!"

„Was soll ich denn zuerst anzünden, Holmes? Vielleicht den Kamin? Oder die Kerze auf dem Sims? Oder die Öllampe auf dem Schreibtisch?"

„Wenn Sie nicht wissen, was Sie als Erstes anzünden sollen, mein lieber Watson, dann ist Ihnen wirklich nicht zu helfen!"

Was sollte Watson zuerst anzünden?

2-MINUTEN-RÄTSEL

EIN SCHRITT NACH DEM ANDEREN

Problemlösung

★★★

Holmes und Watson sind auf etwas gestoßen, was wie eine Karte aussieht, die zu einem vergrabenen Schatz führt. Allerdings ist keine Anleitung dabei, wie die Karte zu interpretieren ist. Stattdessen sind nur einige Uhren abgebildet. Können Sie den Code entschlüsseln und herausfinden, in welchem Feld die beiden Detektive nach dem Schatz graben sollten? Beginnen Sie in dem Feld, in dem im Raster auf der folgenden Seite ein S steht. Lesen Sie dann die Uhren von links nach rechts und von oben nach unten.

10										
9										
8										
7										
6										
5										
4										
3										
2										
1	S									
	A	B	C	D	E	F	G	H	I	J

60-SEKUNDEN-RÄTSEL

WER TRÄGT DEN RING?

Wahrnehmung

★★★

Ordnen Sie die Eheringe ihrem Durchmesser nach vom kleinsten zum größten und finden Sie auf diese Weise heraus, wie die glückliche Braut heißt.

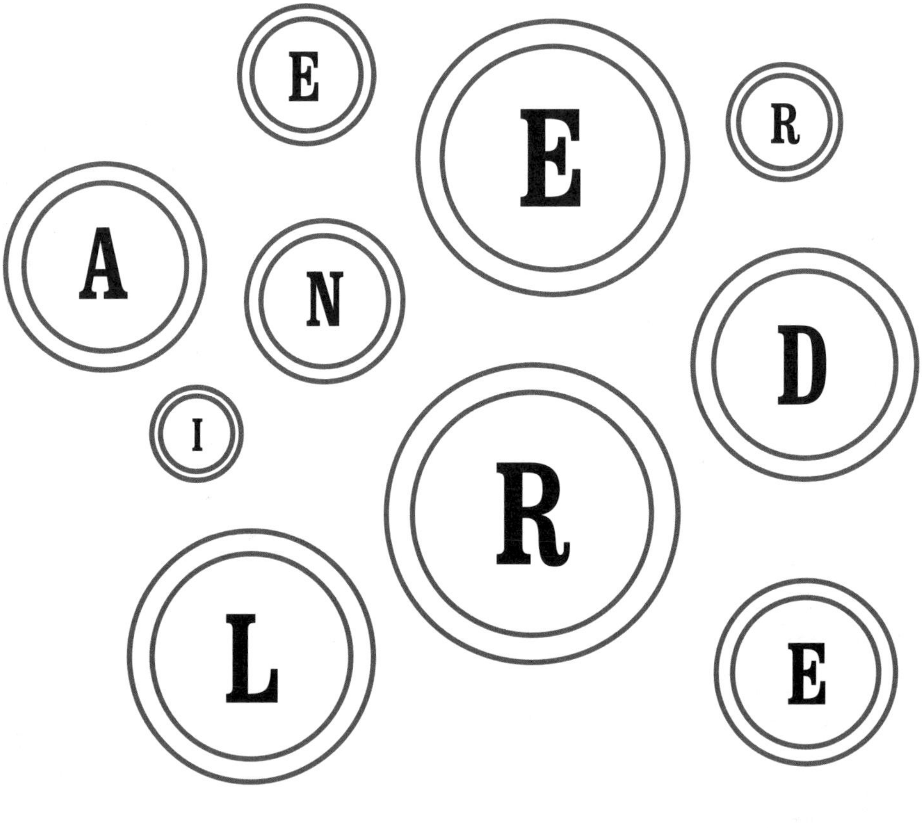

2-MINUTEN-RÄTSEL

LEICHE IM ZIMMER

Gedächtnistraining

★ ★ ★

Lesen Sie den Brief, den Tobias Gregson in *Eine Studie in Scharlachrot* an Sherlock Holmes schreibt, und beantworten Sie dann die Fragen.

Sehr geehrter Mr Sherlock Holmes,

in der letzten Nacht ist im Haus Lauriston Gardens Nr. 3 (die Straße zweigt von der Brixton Road ab) etwas Schlimmes passiert. Unser Wachmann sah dort gegen zwei Uhr Licht. Das Haus ist unbewohnt, und so kam ihm der Verdacht, dass hier etwas nicht stimmen könnte. Er fand die Wohnungstür unverschlossen. Im vorderen Zimmer, das völlig ohne Möbel ist, entdeckte er die Leiche eines gut gekleideten Herrn. Er hatte Visitenkarten in der Tasche mit der Aufschrift „Enoch J. Drebber, Cleveland, Ohio, USA". Um einen Raubüberfall scheint es sich nicht zu handeln, aber es ist nicht klar, wie der Mann zu Tode gekommen ist. Es sind zwar Blutflecken im Zimmer, aber der Mann selbst ist unverletzt. Wir wissen nicht, wie er in das leere Haus gekommen ist. Die ganze Angelegenheit ist uns ein Rätsel. Wenn Sie sich den Tatort ansehen möchten, so finden Sie mich bis 12 Uhr dort. Bis Sie eintreffen, werde ich alles so lassen, wie ich es vorgefunden habe. Sollten Sie verhindert sein, werde ich Ihnen weitere Einzelheiten mitteilen. Doch Sie würden mir einen großen Gefallen tun, wenn Sie mich Ihre Meinung zu der Sache wissen ließen.

Hochachtungsvoll

Tobias Gregson

FRAGEN

1) Wie lautet die Hausnummer der Adressen in Lauriston Gardens?
2) Das vordere Zimmer war „völlig ohne" was?
3) Wie lautet die mittlere Initiale im Namen von Enoch Drebber?
4) Bis wie viel Uhr kann Sherlock Holmes zu dem Haus kommen, wenn er Gregson dort antreffen will?
5) Wie unterzeichnet Tobias Gregson seinen Brief?

VERTAUSCHTE KARTEN

Gedächtnistraining

★ ★ ★

Holmes stellt sich selbst manchmal kleine Aufgaben, um sein Gedächtnis zu trainieren. Schauen Sie sich die zwölf Spielkarten auf der linken Seite genau an. Decken Sie sie dann ab und werfen Sie einen Blick auf die rechte Seite. Können Sie sagen, welche beiden Karten gegeneinander ausgetauscht wurden?

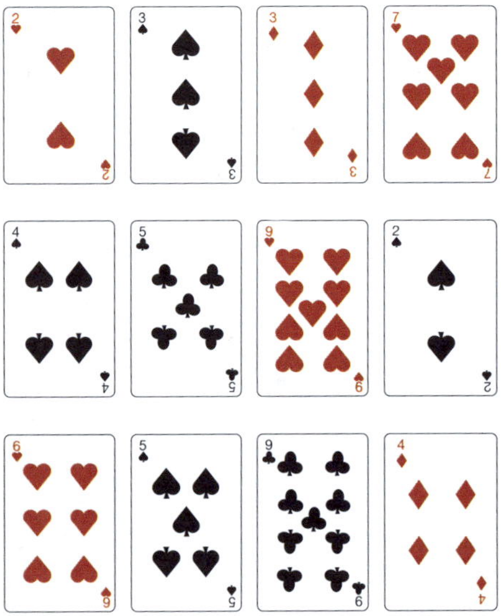

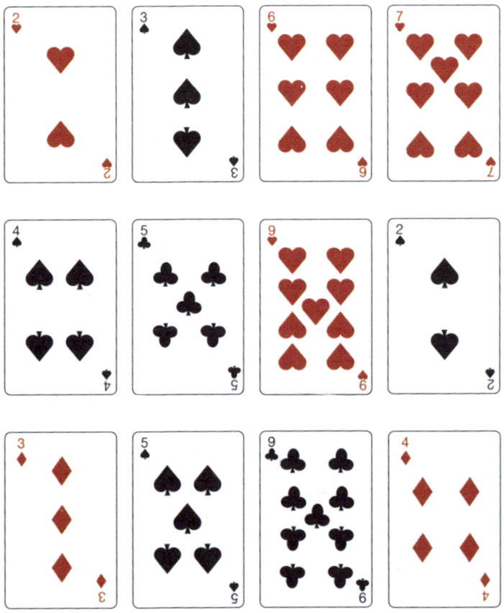

2-MINUTEN-RÄTSEL

DA KOMMT WAS ZUSAMMEN

Problemlösung

★★★

Das folgende Raster enthält Bilder von Gegenständen und Erfindungen aus dem Viktorianischen Zeitalter: eine Penny-Black-Briefmarke, ein Mikroskop, ein Hochrad und eine Kamera. Können Sie herausbekommen, welche Zahl welchem Gegenstand entspricht? Denn jeder Gegenstand steht für eine Zahl zwischen 1 und 10. Die Zahlen an den Rändern stehen für die Summen, die sich aus den Zahlen in jeder Zeile und Spalte ergeben.

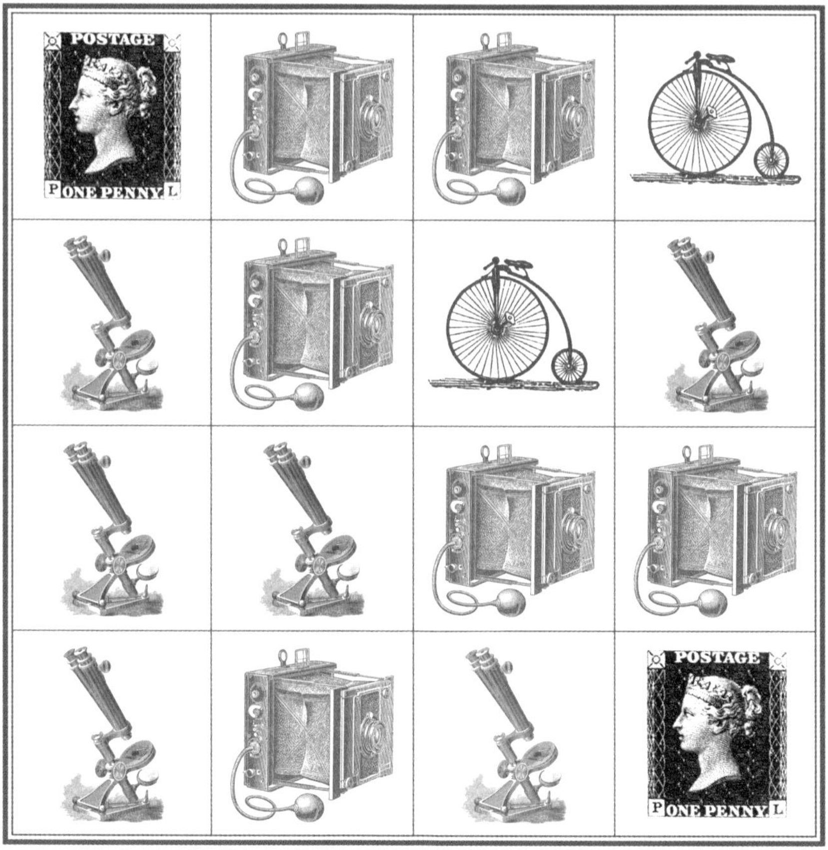

24

15

18

13

6 25 22 17

SCHRITT FÜR SCHRITT

Problemlösung

★ ★ ★

„Wenn man eine Sache untersucht, Watson, dann ist es wichtig, sie von allen Seiten zu betrachten, bevor man voreilige Schlüsse zieht oder gar jemanden beschuldigt. Ein falscher Schritt kann schlimme Folgen haben!“

An diesen Ratschlag musste Watson denken, als er versuchte, ein kniffliges Rätsel in der Zeitung zu lösen. Können Sie ihm dabei helfen?

Im folgenden Raster geht es darum, so schnell wie möglich vom Feld ganz oben links zu dem ganz unten rechts zu gelangen. Der Haken ist, dass man immer nur auf ein Feld in derselben Zeile oder Spalte vorrücken darf, das entweder dieselbe Farbe oder dieselbe geometrische Figur enthält wie das Feld, auf dem man sich gerade befindet. Versuchen Sie, das Raster in so wenigen Zügen wie möglich zu durchqueren.

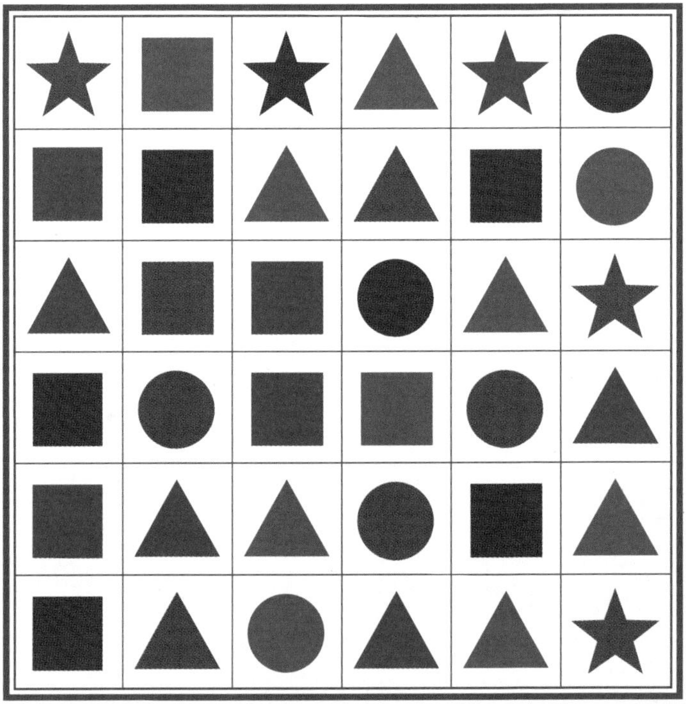

10-MINUTEN-RÄTSEL

BIENENSTOCK MIT BUCHSTABEN

Problemlösung

★ ★ ★

„Aber Sie sind doch im Ruhestand, Holmes. Es hieß, Sie würden mit Ihren Bienen und Ihren Büchern ein Einsiedlerleben auf einem kleinen Hof in den South Downs führen.“

„Das stimmt, Watson. Und hier ist das Ergebnis meines entspannten Müßiggangs, das Magnum Opus meiner späten Jahre!“ Er nahm ein Buch vom Tisch und las den Titel vor: *Praktisches Handbuch der Bienenzucht unter besonderer Berücksichtigung der Stellung der Königin. „Ganz allein habe ich das geschrieben. Hier sehen Sie das Resultat meiner durchgrübelten Nächte und meiner mühseligen Tage, an denen ich die kleinen Arbeitstrupps beobachtet habe wie einst die Verbrechenbanden in London.“*

Auch wenn Holmes jetzt im Ruhestand ist, hat er noch immer eine große Vorliebe für Denksportaufgaben. Können Sie das folgende Rätsel mit den sechseckigen Feldern lösen, die an Honigwaben erinnern? Tragen Sie einfach die Buchstaben unterhalb des Rasters in die leeren Felder ein, und zwar so dass jede der Buchstabengruppen, die am rechten Rand stehen, im Raster Platz finden. Was hat es mit den Buchstaben auf sich, die am Ende in den drei markierten Feldern stehen?

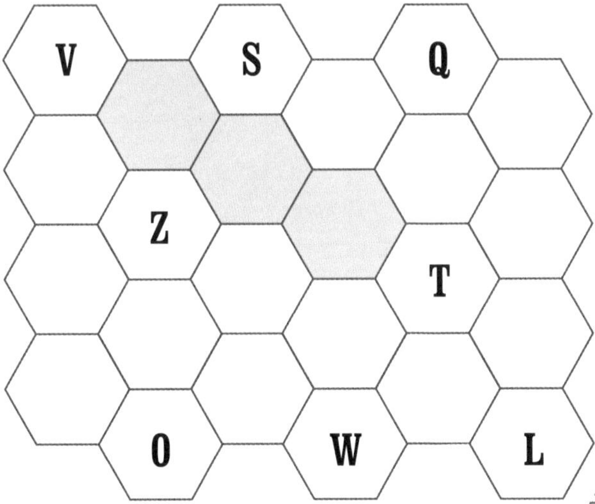

CRQ
DCA
DCZX
DGF
EGTI
HUIQ
HUTB
HUTFL
NMJYGT
NMO
WGY
YCS
ZCS
ZXV

A B C D E F G H I J M N R U X Y

VERTEUFELT SCHWIERIG

HOCHSICHERHEITSTRAKT

Problemlösung

★ ★ ★

Ein wenig beklommen hat Sherlock Holmes ein Hochsicherheitsgefängnis betreten, um der Polizei beim Verhör eines Insassen zu helfen, von dem man annimmt, dass er ein schreckliches Verbrechen verübt hat. Er gilt als sehr gefährlich und hat viele Komplizen. Deswegen wird seine Zelle auch von rund 20 Wärtern bewacht.

Im Raster auf der folgenden Seite sind 100 leere Gefängniszellen zu sehen. In jeder Reihe und jeder Spalte des Rasters befinden sich genau zwei Wachen. Auch in jeder der fett umrandeten Abteilungen befinden sich je zwei Wachen, doch aus Gründen der Effizienz stehen niemals zwei Wachen horizontal, vertikal oder diagonal direkt nebeneinander.

Können Sie die 20 Gefängniswärter im Raster lokalisieren und zusätzlich die Zelle ermitteln, in der der gefährliche Verbrecher einsitzt? In den Zellen direkt oberhalb und unterhalb der seinen sowie jeweils in der übernächsten Zelle rechts und links davon sind Wachen postiert.

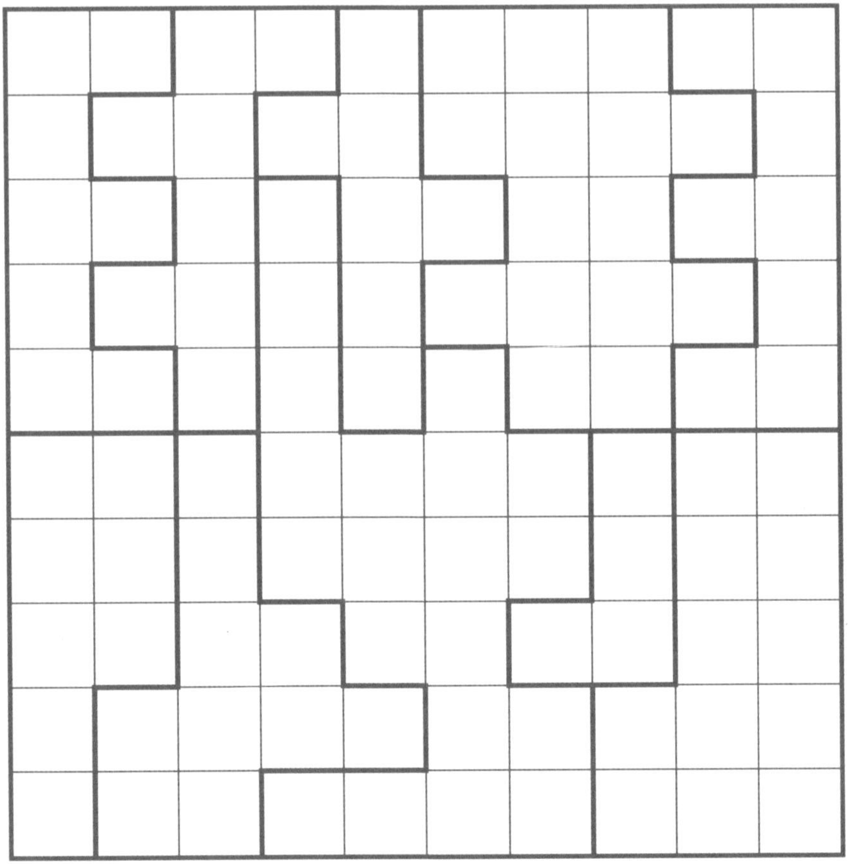

VERTEUFELT SCHWIERIG

ZEIT FÜR VERBRECHEN

Problemlösung

★★★

Bei Scotland Yard war man sehr damit beschäftigt, Informationen zu Straftaten zu sammeln, die in London verübt worden waren. Es ging darum, mögliche Muster zu entdecken, die beim Kampf gegen das Verbrechen von Nutzen sein konnten.

Wie in dem 9 × 9 Felder großen Raster oben auf der folgenden Seite zu erkennen, wurde London hierzu in eine Quadratmeile große Blocks unterteilt. Sodann wurde die Anzahl der in jedem dieser Blocks innerhalb einer Woche verübten Straftaten erfasst. Hieraus ergab sich ein interessantes Muster: In jedem der Blocks wurden in einer Woche ein bis neun Straftaten verübt. Außerdem tauchten alle Zahlen zwischen 1 und 9 je einmal in jeder Zeile und Spalte des Rasters auf.

Können Sie dem Muster der in London verübten Straftaten folgen und so das Rätsel lösen? Wie Sie sehen, wurde das Raster zusätzlich in fett umrandete Regionen unterteilt. In jeder dieser Regionen steht oben links eine Summe, die sich – je nach angegebenem Rechenzeichen – aus Additionen, Subtraktionen, Divisionen oder Multiplikationen ergibt. Die Zahlen, die Sie ins Raster eintragen, müssen also sowohl mit dem von der Polizei entdeckten Muster als auch mit den Rechenergebnissen übereinstimmen. Innerhalb einer fett umrandeten Region darf sich eine Zahl wiederholen, sofern dadurch nicht die Regel gebrochen wird, dass die Zahlen 1 bis 9 genau einmal in jeder Zeile und Spalte auftauchen.

Ziehen Sie bei einer Subtraktion immer die niedrigeren Zahlen von der höchsten Zahl in einer fett umrandeten Region ab, und teilen Sie bei einer Division die höchste Zahl durch die niedrigeren Zahlen.

120x		9+	63x			15x	24x	
144x			96x		4-		21+	216x
		2-						
	4÷			10+	14+			
3x		1-			1-	19+	3÷	
18+			18x				7+	4+
13+		162x			12+			
20+	13+		7+					12+
		4÷		11+		6-		

Sobald Sie das Rätsel gelöst haben, heben Sie bitte in jeder Zeile des rechten Rasters dasjenige Feld farbig hervor, das einem kriminellen Brennpunkt entspricht, also jenem Feld in der Vergleichszeile des gelösten Rätsels, in dem die meisten Verbrechen verübt wurden. Das Lösungswort ist der Name desjenigen Scotland-Yard-Inspektors, der die Idee hatte, Straftaten auf diese Weise systematisch auszuwerten.

Q	S	S	S	B	M	J	C	S
N	H	F	D	D	K	B	A	S
C	J	W	F	D	R	D	O	J
T	M	K	A	H	E	N	E	D
R	J	O	R	A	S	E	R	N
L	E	D	N	E	B	D	M	T
J	L	R	R	A	W	N	R	S
R	B	L	E	T	F	L	A	T
R	D	K	D	R	W	C	E	T

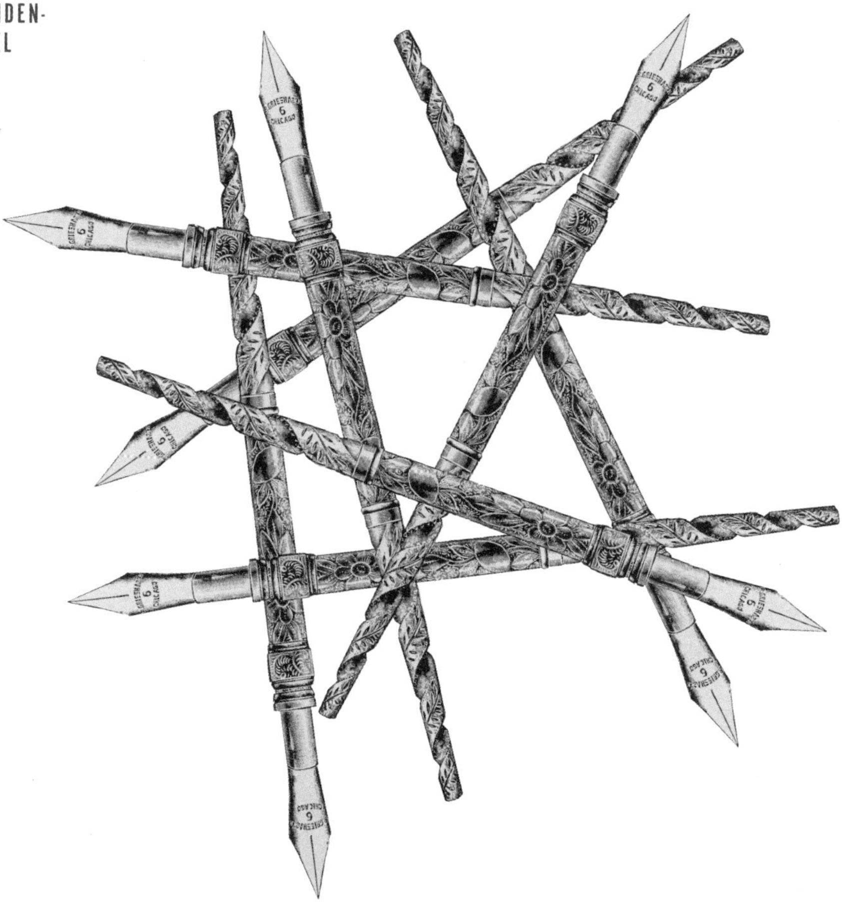

VERSCHWUNDENER FÜLLER

Wahrnehmung

★★★

Watson ist soeben zusammen mit Sherlock von der Arbeit an einem Fall zurückgekehrt und möchte ihre Bemühungen sofort notieren, bevor ihm etwaige Details entfallen. Immer wenn er einen Fall dokumentiert, benutzt er dafür denselben Füllfederhalter, doch dieses Mal kann er ihn zwischen den anderen Stiften in seiner Schreibtischschublade nicht entdecken. Holmes erinnert sich daran, ihn ganz unten im Stapel gesehen zu haben. Können Sie den fraglichen Füller entdecken? Wie Holmes schon sagte – es ist der unterste im Stapel.

5-MINUTEN-RÄTSEL

KETTENREAKTION

Problemlösung

★ ★ ★

„Wenn ich auf die endlose Verkettung seltsamer Umstände zurückblickte ... konnte ich mir nicht verhehlen, dass selbst wenn Holmes' Theorie nicht stimmte, die zutreffende Erklärung doch mindestens genauso gewagt und erstaunlich sein musste.“

Manchmal reicht eine winzige Information aus, um den Urheber eines Verbrechens zu überführen. Nutzen Sie Ihre Intelligenz, um im folgenden Rätsel die richtigen Schlussfolgerungen zu ziehen. Es geht darum, alle Zahlen von 1 bis 6 je einmal in jeder Zeile und Spalte sowie in jeder der durch Ketten verbundenen Sechsergruppen unterzubringen.

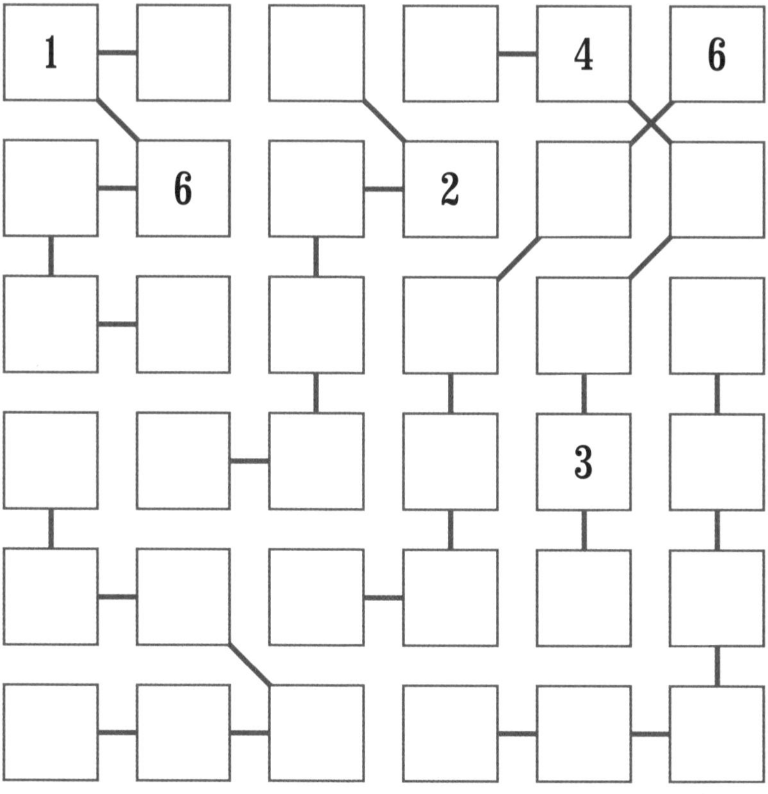

2-MINUTEN-RÄTSEL

IN DER SCHUSSLINIE

Problemlösung

★ ★ ★

Sherlock Holmes ist in eine Schießerei zwischen Scotland Yard und einer Gruppe Krimineller geraten. Doch es gibt einen sicheren Ort, an den Londons größter Detektiv fliehen kann, um sich vor dem Kreuzfeuer zu schützen. Ist in einem Feld im folgenden Raster ein Revolver zu sehen, so hält sich in diesem Feld entweder ein bewaffnetes Gangmitglied oder ein bewaffneter Polizist auf. Deshalb geht von diesem Feld für alle anderen Felder in gerader Linie – egal ob horizontal, vertikal oder diagonal – eine Bedrohung aus. Welches Feld liegt als einziges außerhalb aller Schusslinien und kann daher Sherlock Holmes als Fluchtort dienen?

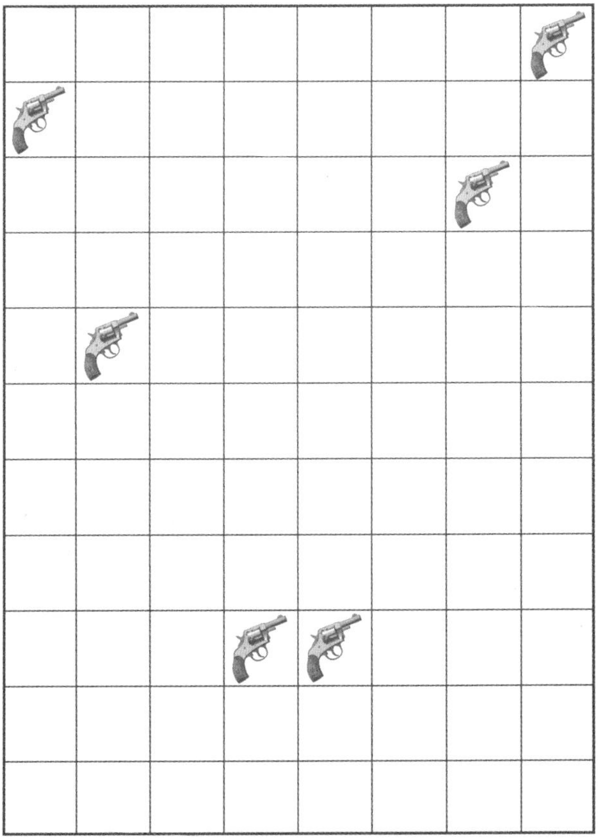

60-SEKUNDEN-RÄTSEL

SEHEN SIE SELBST

Um die Ecke gedacht

★ ★ ★

Holmes studierte gerade die Morgenzeitung, als er plötzlich Watson herbeirief.

„Schauen Sie, Watson, da ist ein Fehler in der Zeitung!“

„Tatsächlich – und was für ein Fehler! Ich möchte nicht in der Haut des armen Kerls stecken, der das verbockt hat!“, antwortete Watson.

Die fragliche Seite enthielt eine Textpassage und die folgenden Bilder. Können Sie den Fehler entdecken?

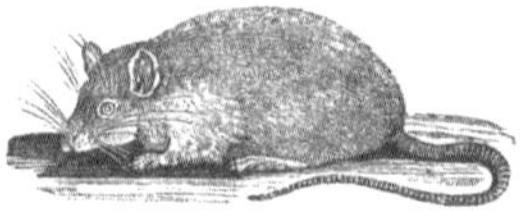

Ratte

Ochse

Tiger

Hase

Katze

Schlange

60-SEKUNDEN-RÄTSEL

DROSCHKEN-BOOM

Mathematik

★ ★ ★

Droschken waren im viktorianischen London ein beliebtes Verkehrsmittel. In dem Maße, wie die Stadt wuchs, stieg auch der Bedarf an schnellen Kutschen, um die Einwohner von einem Teil Londons in den anderen zu bringen. Wenn es zu Beginn eines Jahres 1200 Droschken in der Stadt gab und am Ende des Jahres waren es 7500 – um wie viel Prozent ist ihre Zahl dann gestiegen?

60-SEKUNDEN-RÄTSEL

GEHEIMCODE

Problemlösung

★ ★ ★

Inspektor Lestrade verfolgt drei Kriminelle, denen gerade die Flucht von einem Tatort gelungen ist. Leider hat er die drei im Getümmel vor der Paddington Station aus den Augen verloren. Allerdings hat er bemerkt, dass der Anführer etwas hat fallen lassen, was wie eine Art kodierter Plan aussieht. Können Sie die Nachricht dechiffrieren und so dem Inspektor helfen, die Verbrecher zu fassen?

60-SEKUNDEN-RÄTSEL

GANG ZUM ALTAR

Problemlösung

★ ★ ★

In *Ein Skandal in Böhmen* verfolgt Holmes heimlich Irene Adler, um Wilhelm Gottsreich Sigismund von Ormstein dabei zu helfen, ein belastendes Foto wiederzubekommen. Er verfolgt sie sogar bis zu der Kirche, in der sie Godfrey Norton heiratet. Können auch Sie auf Miss Adlers Spuren wandeln? Folgen Sie einfach den Buchstaben ihres Namens vom markierten A zum markierten R in der Reihenfolge A, D, L, E, R, A, D, L, E, R und so weiter. Pro Zug dürfen Sie je ein Feld in horizontaler, vertikaler oder diagonaler Richtung vorrücken, und Sie müssen jedes Feld im Raster genau einmal besuchen.

A	E	D	L	E
R	D	L	A	R
D	A	R	A	D
R	L	E	L	E
E	L	D	A	R

5-MINUTEN-RÄTSEL

DAS SCHIFF IST WEG

Problemlösung

★ ★ ★

Keuchend und außer Atem kam Sherlock am Kai an. Er hatte soeben einen besonders verzwickten Fall gelöst und Grund zu der Annahme, dass sein Hauptverdächtiger drauf und dran war, den Hafen zu verlassen. Nachdem er sich erkundigt hatte, auf welchem Schiff sich der Gesuchte befand, teilte man ihm zu seinem Unglück mit: *„Es tut mir leid, mein Herr, aber das Schiff ist weg."*

Im folgenden Raster nimmt das Schiff, das Sherlock abfangen wollte, vier aufeinanderfolgende Felder in horizontaler oder vertikaler Richtung ein. Können Sie das Schiff im Raster lokalisieren? Die Zahlen in einigen Feldern stehen für die niedrigste Zahl an Feldern, die man in horizontaler oder vertikaler (aber nicht in diagonaler) Richtung vorrücken muss, um das am nächsten liegende Schiffssegment zu erreichen.

								6	
							3		
								8	

60-SEKUNDEN-RÄTSEL

EINE FRAGE VON GEWICHT

Problemlösung

★ ★ ★

Holmes und Watson sind zu einem Anwesen gerufen worden, um bei der Aufklärung eines Verbrechens zu helfen. Während sie das Gelände in Augenschein nehmen, trifft Holmes auf einen Handwerker, der gerade einen Kronleuchter aufhängt. Er ist vom Herrn und von der Dame des Hauses gebeten worden, alles damit Zusammenhängende genau zu notieren, doch es fällt ihm schwer, von den vielen kleinen Gegenständen, die vom Leuchter herabhängen, das genaue Gewicht in Gramm zu ermitteln. Schauen Sie sich das folgende Bild an und tragen Sie die richtigen Zahlen in die fünf leeren Kreise ein. Neben dem Stern ganz unten ist bereits eine Zahl eingetragen. Die Zahl ganz oben gibt das Gesamtgewicht der sechs Gegenstände an, neben denen ein Kreis steht. Die zwei Gegenstände rechts sind zusammen genauso schwer wie die vier Gegenstände links. Alle übrigen Elemente des Leuchters brauchen nicht beachtet zu werden.

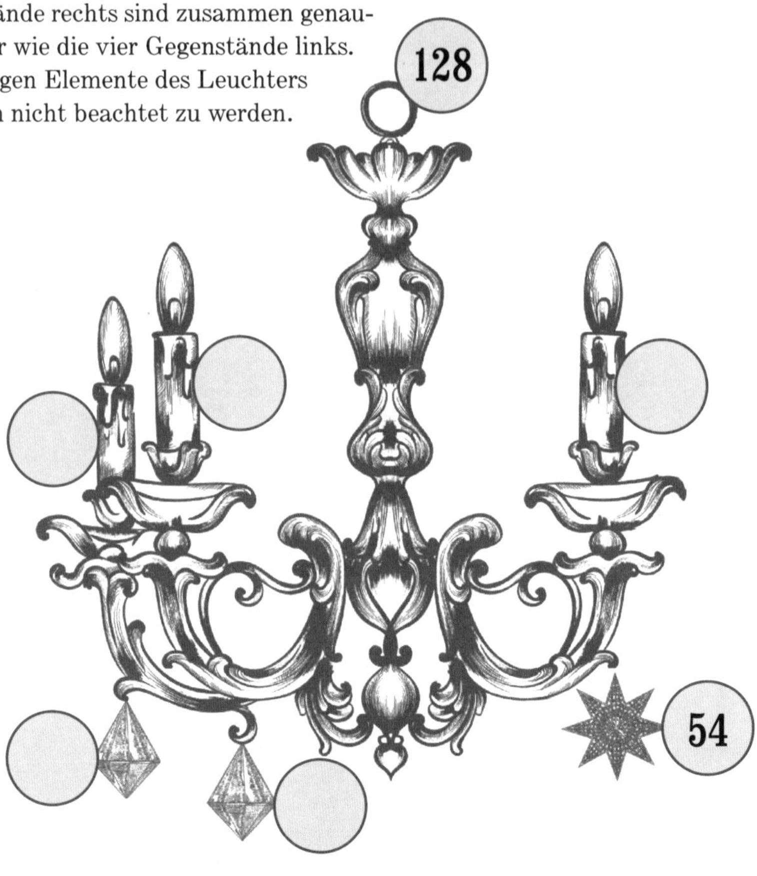

BUCHREIHE

Mathematik

★ ★ ★

Watson hilft Holmes dabei, einige seine vielen Bücher zurück ins Regal zu stellen. Der letzte Fall erforderte eine unglaubliche Menge an Recherche und deshalb sieht es in der Baker Street ganz unordentlich aus. Holmes hat eine ganz eigene Art, seine Bücher in die Regale einzusortieren, und bei diesem speziellen Regal ist die Ausgabennummer, die auf jedem der Buchrücken zu finden ist, das Ordnungskriterium. Unten ist die Buchreihe abgebildet, die Watson komplettieren soll. Die ersten vier Bücher hat Sherlock schon in der richtigen Reihenfolge einsortiert. Welche Nummern sollten die nächsten beiden Bücher tragen, damit die Zahlenfolge gewahrt bleibt?

60-SEKUNDEN-RÄTSEL

ABENDLEKTÜRE

Um die Ecke gedacht

★★★

Holmes untersucht einen Hauseinbruch und überprüft, ob sämtliche Mitglieder des Haushalts eindeutige Alibis haben und somit als Verdächtige ausgeschlossen werden können. Die Haushälterin sagt ihm Folgendes:

„Zwei Mütter und zwei Töchter sind am Tag des Einbruchs ausgegangen, um frische Luft zu schnappen, und haben sich je einen Roman gekauft, um ihn abends zu Hause zu lesen."

Holmes hat seine Zweifel an dieser Aussage, denn er hat im Haus eine Rechnung von dem Tag gefunden, aus der ersichtlich wird, dass nur drei Bücher gekauft wurden. Außerdem versichern ihm die Hausbewohner, dass ansonsten an dem Tag keine weiteren Einkäufe getätigt wurden. Nachdem er ein wenig darüber nachgedacht hat, kommt Sherlock jedoch zu dem Schluss, dass die Aussage der Haushälterin stimmt, obwohl nur drei Bücher gekauft wurden. Wie ist das möglich?

2-MINUTEN-RÄTSEL

DER HUT-TRICK

Wahrnehmung

★★★

Watson und Mrs Hudson wollen Sherlock Holmes zum Geburtstag eine neue Deerstalker-Mütze schenken. Allerdings wissen sie, dass er sehr heikel mit seiner Garderobe ist und seine Mützen nur bei einem ganz bestimmten Londoner Hutmacher kauft. Nun kann sich aber keiner der beiden an den Namen des Geschäfts erinnern, und Sherlock können sie schlecht fragen, ohne Verdacht zu erregen. Alles, was sie haben, ist eine Stoffprobe von einer von Sherlocks alten Mützen – sie haben sie ganz hinten in seinem Schrank gefunden. Doch sie sind sich sicher, dass sie das richtige Geschäft ermitteln können, indem sie ihre Stoffprobe mit denen einiger ausgewählter Anbieter vergleichen. Bitte beachten Sie, dass die Stoffprobe nicht gedreht werden darf. Können Sie herausfinden, welcher der Hutmacher ein Muster anbietet, von dem Sherlocks Stoffprobe stammen könnte?

Dies ist die Stoffprobe von Sherlocks alter Mütze

Hatmakers of London

Royal Arcade Hat Store

The Gentleman's Outfitters

2-MINUTEN-RÄTSEL

PERSONENSUCHE

Wahrnehmung

★★★

Können Sie, wenn Sie die Spalten mit den Buchstaben überfliegen, drei Figurennamen aus den Sherlock-Holmes-Geschichten entdecken, die in die horizontale Mittelzeile passen?

	O				
	A	D		G	
W	U	L		E	U
H	E	T	S	R	L
P		A	X	O	N
Y			F		S
			M		

60-SEKUNDEN-RÄTSEL

BITTE UMBLÄTTERN

Problemlösung

★★★

Sherlock will in einem Buch nach einem Zitat suchen. Er hat vor, in einem Artikel, an dem er gerade sitzt und in dem es um die Kunst der Verbrechensaufklärung geht, auf dieses Zitat zu verweisen. Auf der Suche nach der richtigen Stelle öffnet er also das Buch auf den Seiten 12 und 13. Dann blättert er achtmal um, und zwar immer nur eine Seite. Doch da er die betreffende Passage nicht finden kann, glaubt er, sie vielleicht übersehen zu haben, und blättert dreimal zurück. Aber auch das führt zu nichts. Also blättert er wieder nach vorn. Und nachdem er dies 26 Mal getan hat, findet er die Textstelle auf der linken Hälfte der Doppelseite, die nun geöffnet vor ihm liegt. Welche Seitenzahl hat die Seite, auf der das Zitat steht?

5-MINUTEN-RÄTSEL

NULLEN UND KREUZE

Problemlösung

★ ★ ★

„*Ausgezeichnet!*“, rief ich.

„*Ganz einfach,*“ sagte er.

Sherlock Holmes hatte John Watson gerade dadurch beeindruckt, dass er ein kniffliges kleines Logikrätsel gelöst hatte. Doch auch wenn es auf den ersten Blick kompliziert scheint, folgt das Rätsel nur einigen einfachen Regeln. Sind Sie auch so clever wie Londons größter Detektiv und können das Rätsel locker lösen?

Komplettieren Sie das Raster – und zwar so, dass in jeder Zeile und jeder Spalte fünf Nullen und fünf Kreuze stehen. Dasselbe Symbol darf pro Zeile und Spalte nicht in mehr als zwei unmittelbar aufeinanderfolgenden Feldern auftauchen. Am Ende muss jede Zeile eine andere Sequenz an Nullen und Kreuzen aufweisen als alle übrigen Zeilen. Dasselbe gilt für jede Spalte.

		X				0		0	
			0	0		X			
X						X	X		X
			0						X
0			0			0			
	X						X		
	0		0			X	X		
0			0						

30-SEKUNDEN-RÄTSEL

TAUSENDMAL PROBIERT

Um die Ecke gedacht

★ ★ ★

Während er bei einem alten Freund aus Armeetagen zu Besuch ist, fällt Watson auf, dass dieser eine verwirrende Rechenaufgabe auf einer alten Serviette notiert hat.

„*Hör mal, alter Junge*“, sagt Watson daraufhin, „*ich glaube, du hast dich beim Ergebnis vertan. Mir ist jedenfalls nicht klar, wie du auf diese Summe kommst.*“

„*Ach ja*“, antwortet sein Freund. „*Das Rätsel hat mir ein Bekannter aufgegeben, den ich neulich zum Dinner getroffen habe. Er behauptet steif und fest, dass das Ergebnis stimmt, wenn man die Position von nur einer Ziffer verändert.*“

Können Sie das Rätsel lösen, indem Sie die Position einer Ziffer ändern?

$$10 \times 102 = 1000$$

2-MINUTEN-RÄTSEL

DATENABGLEICH

Problemlösung

★ ★ ★

Holmes und Watson überprüfen die Aktivitäten eines örtlichen Auftragskillers, der angeklagt ist, einen angesehenen Geschäftsmann getötet zu haben. Offenbar haben Augenzeugen den Killer vor genau 86 Tagen zusammen mit einem Angestellten des Geschäftsmanns gesehen. Sie können sich deshalb so gut daran erinnern, weil beide Männer sich irgendwie verdächtig benahmen. Wenn heute der 16. Mai 1898 ist, an welchem Tag fand dann das Treffen statt?

10-MINUTEN-RÄTSEL

VERSCHLUSSSACHE

Problemlösung

★ ★ ★

Können Sie das Raster in Gruppen aus vier aufeinanderfolgenden Feldern unterteilen, wobei jede der Gruppe alle vier abgebildeten Schlosstypen enthalten muss?

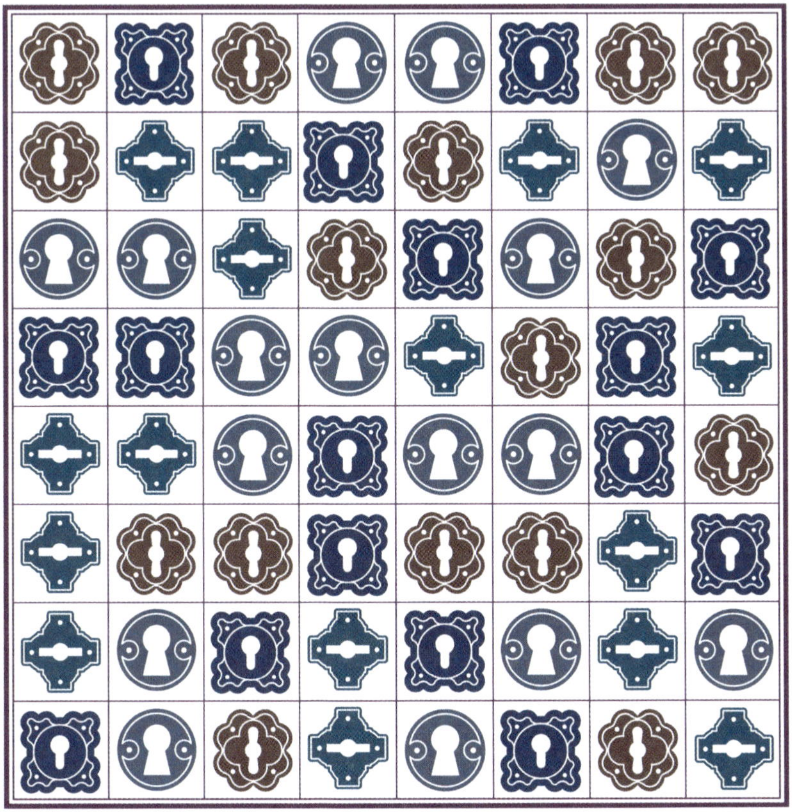

5-MINUTEN-RÄTSEL

EINFACH WIE DAS ABC

Problemlösung

★★★

„Verbrechen ist häufig. Logik ist selten. Deshalb sollte man sich mehr mit der Logik als mit dem Verbrechen befassen."

In der Hoffnung, Watsons logische Fähigkeiten weiterzuentwickeln, hat Holmes den Doktor vor eine knifflige Aufgabe gestellt. Können Sie sie schneller lösen als Sherlocks Assistent, der fünf Minuten dazu gebraucht hat?

Tragen Sie die Buchstaben A, B und C jeweils einmal in jede Zeile und Spalte ein. Jede Zeile und Spalte enthält außerdem zwei leere Felder. Die Buchstaben außerhalb des Rasters geben an, welcher Buchstabe der erste beziehungsweise letzte in einer bestimmten Zeile oder Spalte ist.

		B	A		B	
						A
A						
C						A
B						C
A						B
	A	A			C	

5-MINUTEN-RÄTSEL

NAMENSLISTE

Problemlösung

★★★

Können Sie all die berühmten Namen im folgenden Worträtsel finden? Sie können horizontal, vertikal oder diagonal sowie vorwärts oder rückwärts im Raster eingetragen sein.

N	N	A	E	N	O	T	S	D	A	L	G	W	A	B
C	O	N	A	N	D	O	Y	L	E	F	C	I	P	A
C	S	S	N	E	K	C	I	D	D	B	R	L	A	R
A	Y	K	R	C	F	C	Y	D	D	O	C	B	S	R
N	N	I	C	E	C	B	A	D	T	D	Y	E	T	E
I	N	P	C	A	D	R	A	C	R	A	C	R	E	T
G	E	L	C	U	W	N	I	C	R	A	D	F	U	T
H	T	I	C	I	R	V	A	E	C	D	H	O	R	B
T	B	N	N	L	N	I	K	T	P	C	E	R	L	R
I	F	G	F	E	L	C	E	E	T	C	E	C	L	O
N	A	F	E	B	A	E	E	E	E	E	A	E	O	W
G	F	U	F	H	F	L	B	E	D	C	R	A	R	N
A	Q	D	T	D	I	S	R	A	E	L	I	R	R	I
L	C	C	T	S	R	U	H	K	N	A	P	E	A	N
E	A	R	E	T	S	I	L	E	N	U	R	B	C	G

BARRETT BROWNING
BELL
BRUNEL
CARROLL
CONAN DOYLE
CURIE
DARWIN
DICKENS
DISRAELI
GARRETT ANDERSON
GLADSTONE
HARDY
KIPLING
LISTER
NIGHTINGALE
PANKHURST
PASTEUR
PEEL
QUEEN VICTORIA
TENNYSON
THACKERAY
WILBERFORCE

KULISSENWECHSEL

Wahrnehmung

★ ★ ★

Watson und Holmes sind zum Tatort eines Verbrechens zurückgekehrt und müssen feststellen, dass an einigen Beweisstücken herumhantiert wurde. Bitte vergleichen Sie das Vorher- mit dem Nachherbild. Können Sie sagen, welche sechs Gegenstände entfernt beziehungsweise bewegt wurden?

RECHT UND UNORDNUNG

Logik

★★★

Am Ende eines besonders arbeitsreichen Dienstags überprüft Inspektor Lestrade die Tätigkeiten seiner Abteilung. Offenbar sind seine Männer sehr hilfreich bei der Lösung eines Falles von Holmes und Watson gewesen. Doch da so viel los war, ist keines der notwendigen Formulare ausgefüllt worden, was bedeutet, dass Lestrade seine eigenen Erinnerungen bemühen muss, um den Ablauf des Tages für seine Vorgesetzten transparent zu machen. Füllen Sie anhand der folgenden Informationen die nebenstehende Tabelle aus. Beschreiben Sie, wofür jeder Beamte verantwortlich war, wie er aussah und wann er Pause gemacht hat. Nutzen Sie auch das unter der Tabelle befindliche Raster als Hilfsmittel.

„Ich erinnere mich, dass Officer Ward um 13 Uhr Mittagspause machte, denn genau da bat Holmes um Unterstützung. Ich wies Officer Wright an, die Verdächtigen zu vernehmen, da er bereits Erfahrung mit solch abgebrühten Männern wie diesen hatte. Hughes konnte nicht um 13.30 Uhr Mittag machen, weil er noch sehr beschäftigt war. Er hat sehr dunkle braune Augen. Der Mann, dem ich den Auftrag gab, am Tatort zu patrouillieren, war sehr groß – ich dachte, das wäre eine gute Aufgabe für ihn, weil er die Menge überblicken und verdächtige Aktivitäten bemerken konnte. Der Officer, den ich bat, die Gegend nach Spuren abzusuchen, hat als Zweiter Pause gemacht. Bennett war der Letzte, der Mittagspause machte, und der Kerl mit der großen Narbe war der Erste. Officer Bennett ist nicht groß und hat keinen Bart. Hughes hatte heute keinerlei Verwaltungsaufgaben zu erledigen.“

Recht und Unordnung	Verwaltung	Spurensicherung	Bewachung	Verhör	Patrouille	12 Uhr	13 Uhr	13.30 Uhr	13.45 Uhr	14 Uhr	Bart	Braune Augen	Schnurrbart	Narbe	Sehr groß
Bennett															
Hughes															
Smith															
Ward															
Wright															
Bart															
Braune Augen															
Schnurrbart															
Narbe															
Sehr groß															
12 Uhr															
13 Uhr															
13.30 Uhr															
13.45 Uhr															
14 Uhr															

Name	Aufgabe	Beschreibung	Pausenzeit
Bennett			
Hughes			
Smith			
Ward			
Wright			

30-SEKUNDEN-RÄTSEL

RÄDERWERK

Problemlösung

★ ★ ★

Können Sie die Buchstaben in dem Rad in die richtige Reihenfolge bringen, sodass sich der Name eines berühmten britischen Ingenieurs ergibt, der als einer der ganz großen Techniker des 19. Jahrhunderts gilt?

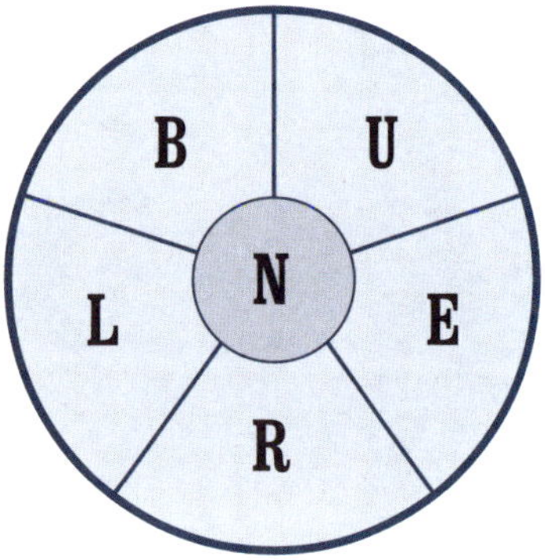

60-SEKUNDEN-RÄTSEL

MOMENT DER WAHRHEIT

Um die Ecke gedacht

★ ★ ★

Holmes und Watson versuchen, einen Mann zu erwischen, der in ganz London Verbrechen verübt hat. Dieser Kerl hat etwas Besonderes an sich, denn offenbar ist er unfähig, die Wahrheit zu sagen. Sein Zwillingsbruder ist dagegen unfähig zu lügen. Holmes und Watson verfolgen den Bösewicht bis zu seinem Haus, doch dann sind sie entsetzt, als sie die beiden Zwillingsbrüder im selben Raum vorfinden. Um den richtigen Mann festzunehmen, stellen sie den beiden folgende Frage: *„Wenn ich Ihren Bruder fragen würde, ob Sie immer die Wahrheit sagen, was würde er antworten?“* Einer der Brüder antwortet mit *„Ja“*, doch der andere sagt *„Nein“*. Welchen der beiden sollten Watson und Holmes festnehmen?

10-MINUTEN-RÄTSEL

ZAHLENKNOBELEI

Mathematik

★ ★ ★

Während Mrs Hudson ihren Tee trinkt und ein paar Kekse dazu isst, sieht sie die Zeitung durch und stellt fest, dass Dr. Watson begonnen hat, eines der Rätsel in dem Blatt zu lösen, es dann aber aufgegeben hat. Hierin sieht sie eine Herausforderung: Sie will wissen, ob sie etwas schaffen kann, an dem er gescheitert ist. Also radiert sie seine ersten Ergebnisse aus und fängt von vorn an. Können Sie das folgende Zahlenrätsel lösen? Füllen Sie die weißen Felder so aus, dass deren Summe horizontal beziehungsweise vertikal immer mit der Summe übereinstimmt, die am Ausgangspunkt steht. Innerhalb dieser Felderreihen darf sich keine Zahl wiederholen. Benutzen Sie nur die Zahlen von 1 bis 9.

2-MINUTEN-RÄTSEL

HÄUSER IM SPIEGEL

Wahrnehmung

★★★

Holmes und Watson sind zu einem Anwesen gerufen worden, um einen Gegenstand wiederzufinden, den ein kürzlich verstorbenes Familienmitglied verloren hat. Die Familie ist sich sicher, dass der Gegenstand irgendwo auf dem Grundstück zu finden ist. Allerdings sind die einzigen Karten und Pläne, die zu dem Anwesen existieren, veraltet und zeigen nicht, welche Neu- und Umbauten kürzlich vorgenommen wurden. Um eine Erfolg versprechende Suche zu organisieren, müsste Holmes von jedem Gebäude, das heute auf dem Grundstück steht, die genaue Lage kennen. Glücklicherweise hatte die Familie seinerzeit beschlossen, die neuen Gebäude einfach spiegelverkehrt zu den alten zu errichten, und die Handwerker gebeten, sich beim Bau an einer Spiegellinie zu orientieren, die in den Plänen sichtbar ist. Können Sie auf dieser Grundlage die neuen Gebäude in das Raster eintragen? Die alten Gebäude sind durch die markierten Felder dargestellt.

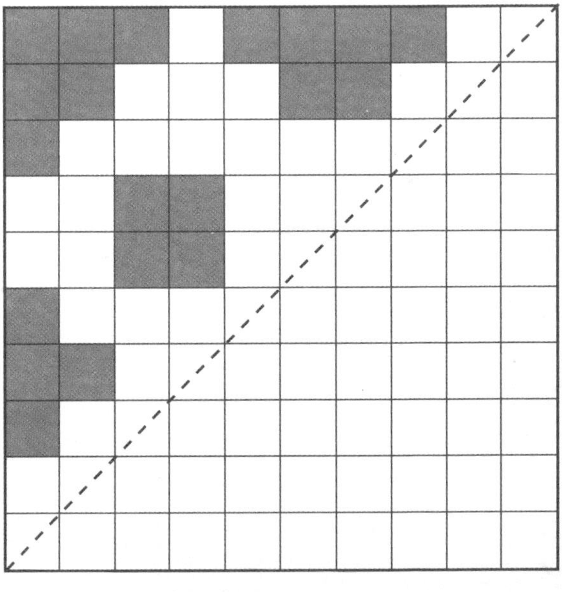

2-MINUTEN-RÄTSEL

ZAHLENLOGIK

Mathematik

★★★

Holmes und Watson haben einen Kriminellen festgenommen, der im Großraum London zwölf Raubüberfälle verübt und die Beute in verschiedenen Bankschließfächern versteckt hat. Bis jetzt wissen sie, dass diejenigen der unten abgebildeten Fächer, die mit einer Nummer versehen sind, Diebesgut enthalten. Doch der Täter ist nicht bereit, die Nummern der anderen Schließfächer zu nennen, in denen er seine Beute versteckt hat. Holmes ist allerdings davon überzeugt, dass er schon jetzt genügend Informationen hat, um die übrigen Nummern vorhersagen und die während der weiteren sechs Überfälle geraubten Gegenstände aufspüren zu können. Wissen Sie auch, wie die Nummern der restlichen Schließfächer lauten?

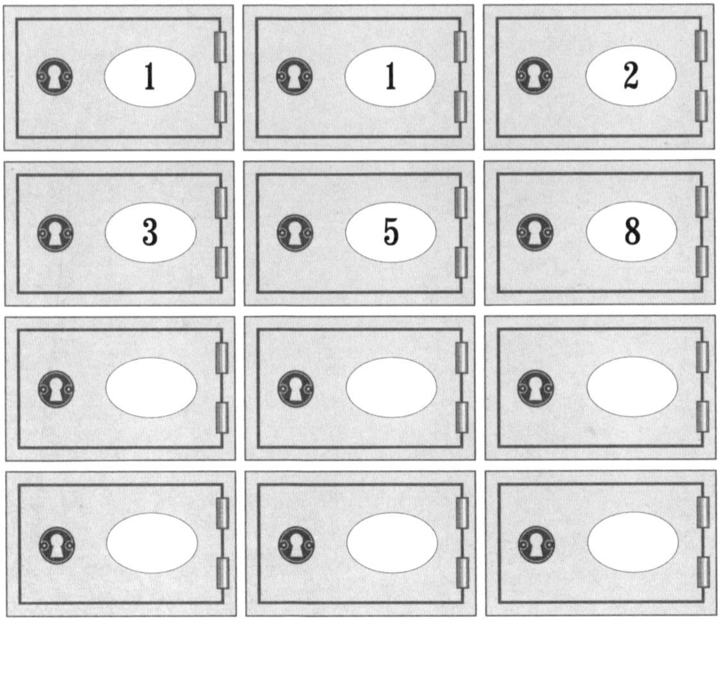

10-MINUTEN-RÄTSEL

DAS GANZE BILD

Problemlösung

★★★

In *Der Rote Kreis* übernehmen Holmes und Watson einen Fall, bei dem es um eine Mrs Warren und ihren sehr bärtigen Untermieter geht. Er zahlt ihr die doppelte Miete, will sein Zimmer dafür aber zu seinen eigenen Bedingungen nutzen. Holmes und Watson fahren zu dem Anwesen und hoffen, einen Blick auf den seltsamen Bewohner werfen zu können.

„Bald schon erschien die Vermieterin mit dem Tablett, stellte es auf einen Stuhl neben der verschlossenen Tür und ging dann schweren Schrittes davon. Wir hielten uns zusammengekauert hinter der Tür versteckt und blickten unverwandt den Spiegel an. Nachdem die Schritte der Wirtin verklungen waren, hörten wir plötzlich das knarrende Geräusch eines sich drehenden Schlüssels. Der Türknauf bewegte sich und zwei schmale Hände schnellten hervor …"

Holmes und Watson sind überrascht von dem, was sie als Nächstes sehen. Können Sie das folgende Rätsel lösen, aus dem hervorgeht, warum die beiden Detektive allen Grund haben, verstört zu sein? Die Zahlen an den Rändern des Rasters geben an, wie viele Felder in einer bestimmten Zeile oder Spalte auszumalen sind. Ein Komma steht für eine Lücke von mindestens einem freien Feld zwischen mehreren ausgemalten Feldern. Der Hinweis 4,3 bedeutet also, dass sich irgendwo in der betreffenden Zeile oder Spalte vier aufeinanderfolgende ausgemalte Felder befinden, auf die mindestens ein leeres Feld und drei weitere aufeinanderfolgende ausgemalte Felder folgen.

Spalte	1	2	3	4	5	6	7	8	9	10	11	12	13	14	15	16	17	18	19	20
	3	1 11	3	3	3 1	1 3 2	1 1 3 6	1 1 3 6 1	1 4 3 3 1	1 1 1 8 6	1 1 1 3 3 11	1 2 1 1 1 1 1	1 4 2 3 11	1 5 17	2 3 3 4	1 3 4 9	2 5 6	3 5 4	3 1 1 2	2 3 1

12
1, 1, 3
8, 3
1, 3, 2
1, 1, 4
1, 4
2, 3
1, 1
7
4, 3
6, 5
3, 8
6, 2, 2, 3
1, 3, 1, 1, 1, 2
4, 2, 2, 4
1, 7, 1, 1
1, 1, 1, 4, 3
1, 2, 1, 4
1, 1, 1, 4
1, 2, 2, 2, 2
1, 2, 2, 2, 2
1, 2, 2, 2, 3
1, 2, 2, 2, 3
1, 2, 2, 2, 4
1, 10, 5

2-MINUTEN-RÄTSEL

GEHIRNZELLEN

Problemlösung

★★★

Lestrade hat in der vergangenen Nacht ziemlich viele Verbrecher in den Straßen Londons verhaftet. Dies bedeutet jedoch auch, dass er jetzt die Festgenommenen den Revierregeln entsprechend korrekt unterbringen muss. Die Regeln zur Unterbringung von Häftlingen lauten wie folgt:

REVIERREGELN

Die Zahlen in den Kreisen stehen für die Gesamtzahl der Häftlinge, die in den vier angrenzenden Zellen einsitzen. Jede Zelle muss mit mindestens einem Gefangenen und darf mit höchstens neun Gefangenen belegt sein. Keine der Belegungszahlen zwischen 1 bis 9 darf sich wiederholen.

Wenn also in jeder Zelle zwischen einem und neun Häftlingen einsitzen können und keine der Belegungszahlen sich wiederholen darf – wie viele Gefangene befinden sich dann den Regeln entsprechend in jeder der neun Zellen? Dass es in der Zelle in der Mitte sechs Gefangene sind, mag Ihnen als kleine Starthilfe dienen.

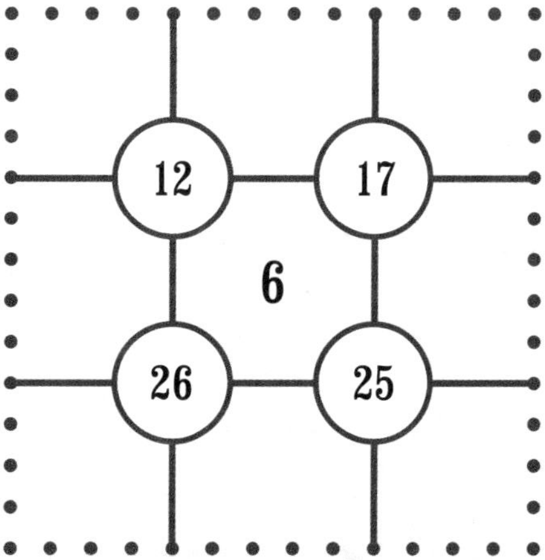

60-SEKUNDEN-RÄTSEL

IMMER DER LINIE NACH

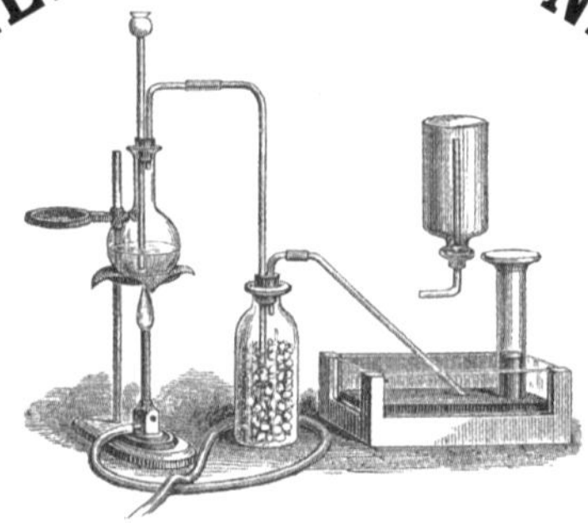

Problemlösung

★ ★ ★

Können Sie den Namen eines berühmten Russen im folgenden Raster ermitteln? Sein Name ergibt sich, indem Sie eine Linie ziehen, die genau einmal jedes Buchstabenfeld berührt – wobei sie entweder gerade durch das Feld hindurchgeht oder in der Mitte des Feldes rechtwinklig abbiegt. Sherlock, der über sehr gute Kenntnisse in Chemie verfügt, ist ein großer Bewunderer dieser Person.

N	E	V
D	M	E
E	L	E

VON ORT ZU ORT

Problemlösung

★ ★ ★

Während seiner Zeit als Detektiv ist Sherlock Holmes durch das ganze Land gereist, um seine zahlreichen Fälle zu lösen. Häufig wurde er dabei von Dr. Watson begleitet. Können Sie ihre Reise durch die folgenden englischen Städte nachverfolgen? Rücken Sie (horizontal oder vertikal) von Buchstabe zu Buchstabe vor – und zwar so, dass Sie jedes Feld genau einmal aufsuchen und alle Städte, deren Namen am Rand des Rasters stehen, ausbuchstabiert werden. Beginnen Sie mit dem markierten Feld.

Bath
Birmingham
Bristol
Canterbury
Durham
Exeter
Gloucester
Leeds
London
Manchester
Norwich
Oxford
Sheffield
York

E	T	S	E	C	U	O	L	G	Y
R	H	E	S	B	A	T	H	D	R
M	C	E	T	D	E	H	S	U	U
A	N	R	O	R	F	F	M	R	B
R	O	N	F	X	E	I	A	H	R
W	L	Y	K	O	L	D	N	T	E
I	O	O	R	O	N	C	A	E	E
C	T	R	B	L	D	O	N	L	D
H	S	I	M	A	H	G	M	R	S
E	X	E	T	E	R	N	I	I	B

60-SEKUNDEN-RÄTSEL

GEZEICHNET UND VERSIEGELT

Wahrnehmung

★ ★ ★

Watson ist gerade damit fertig geworden, sein letztes Abenteuer mit Holmes zu dokumentieren. Nun plant er, seinen Bericht an eine Lokalzeitung zu schicken, damit er in deren Morgenausgabe erscheint. Denn ihre Erlebnisse scheinen bei der Leserschaft sehr beliebt zu sein! Er muss nur noch den Umschlag mit einem Wachssiegel verschließen. Unten ist das Siegel abgebildet, das Watson für alle Briefe benutzt, in denen es um den großen Detektiv geht. Doch welches Muster ist auf dem Umschlag zu sehen, wenn er versiegelt und das Wachs getrocknet ist?

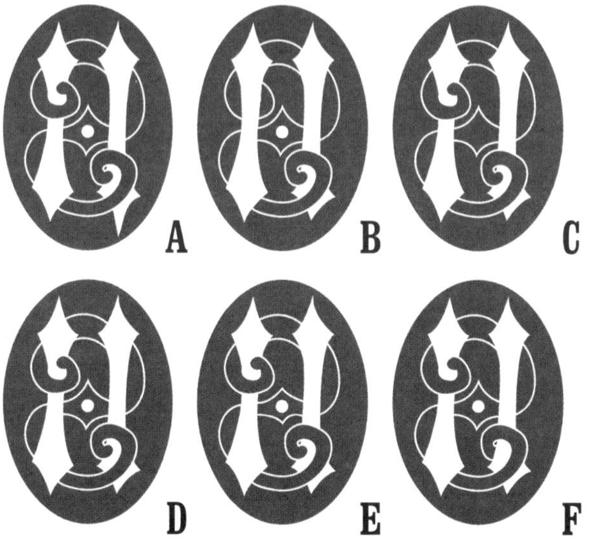

BOHEMIAN RHAPSODY

Problemlösung

★ ★ ★

In der Kurzgeschichte *Ein Skandal in Böhmen* hatte Sherlock Holmes Irene Adler kennengelernt. Seitdem hörte Dr. Watson ihn von keiner anderen Frau mehr sprechen – er sagte sogar: *„Für Sherlock Holmes wird sie immer die perfekte Frau sein.“* Sehr oft durfte er mit anhören, wie Holmes angesichts ihres Scharfsinns und ihrer Cleverness in Lobeshymnen ausbrach.

Eines Tages beschloss Watson, sich zu notieren, wie oft Sherlock ihren Namen nannte. Das Ergebnis brachte ihn zum Staunen. Wie oft können Sie den Namen ADLER im folgenden Raster finden? Sie können von jedem Buchstaben aus horizontal oder vertikal auf ein angrenzendes Feld vorrücken.

			A			
		L	D	L		
	R	E	L	E	R	
A	D	L	E	R	D	A
	R	E	L	E	L	
		L	D	R		
			A			

60-SEKUNDEN-RÄTSEL

KNOPFPARADE

Wahrnehmung

★★★

Die ersten elektrischen Nähmaschinen wurden gegen Ende des 19. Jahrhunderts entwickelt und auf den Markt gebracht. Davor musste Mrs Hudson sämtliche Kleidung von Holmes und Watson per Hand ausbessern. Und auch später zog sie es vor, einige Aufgaben – wie etwa das Annähen eines Knopfes – per Hand zu erledigen. Sehen Sie sich die folgende Abbildung an, und sie werden feststellen, dass Mrs Hudson ein Durcheinander angerichtet hat: Sie hat zu viele Knöpfe auf einem Baumwollfaden aufgereiht. Wie oft hat sie den Faden insgesamt durch ein Knopfloch geschoben?

5-MINUTEN-RÄTSEL

JONGLIEREN MIT TEE

Problemlösung

★ ★ ★

Mrs Hudson muss in der Baker Street 221B drei Gästegruppen bewirten. Also bereitet sie in der Küche drei Tabletts vor, und zwar jeweils mit Zuckerdose, Milchkännchen und einer Kanne Tee.

Während sie noch damit beschäftigt ist, verlässt eine der Gruppen ohne Vorwarnung das Haus: Die Gruppe bestand aus mehreren Polizisten, darunter auch Inspektor Lestrade, und offensichtlich werden die Männer dringend bei Scotland Yard gebraucht. Mrs Hudson muss nun entscheiden, auf welche Weise sie den verbleibenden Gruppen die jeweils passende Menge Tee serviert. Sie hat drei Teekannen à acht, fünf und drei Litern Fassungsvermögen. Im Moment sind sie mit acht, null und null Litern gefüllt. Um ihre Gäste zufriedenzustellen und ihren Teedurst zu löschen, müssen aber vier, vier und null Liter Tee in den drei Kannen sein. Denn eine der drei Kannen wird ja nicht mehr gebraucht, nachdem Lestrade und seine Männer gegangen sind. Was ist die geringste Anzahl an Schritten, die Mrs Hudson nun unternehmen muss, um den Tee richtig auf die Gefäße zu verteilen? Andere Behältnisse als die drei Kannen hat sie nicht, und gehen Sie davon aus, dass sie beim Hantieren mit den Kannen keinen Tee verschüttet.

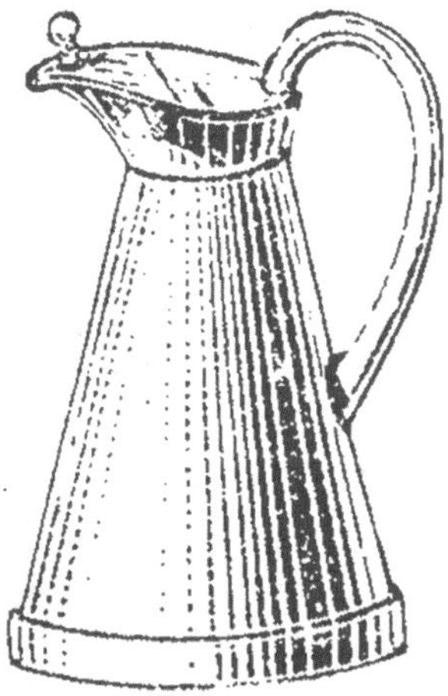

8 Liter

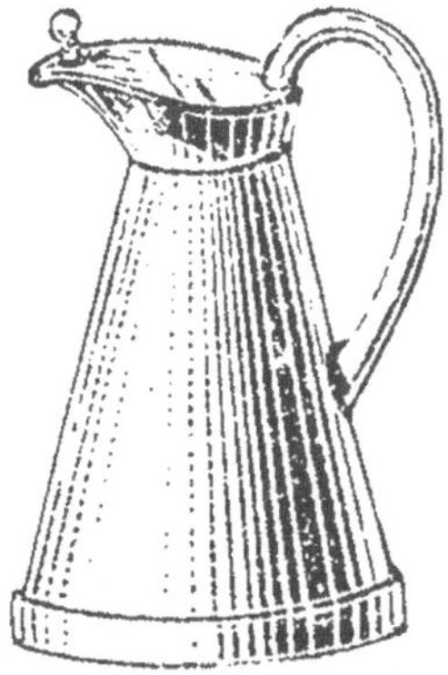

5 Liter

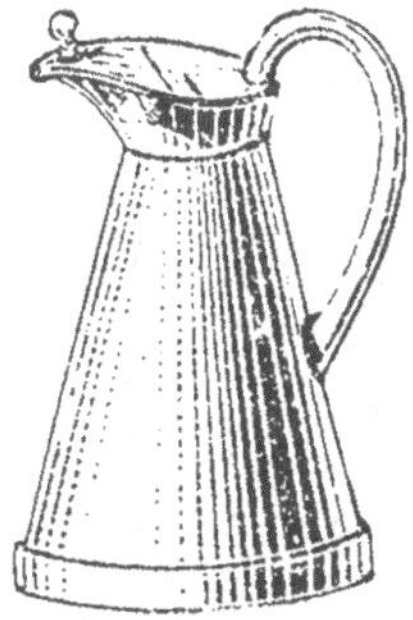

3 Liter

30-SEKUNDEN-RÄTSEL

EIN AUGE FÜRS DETAIL

Wahrnehmung

★ ★ ★

Sherlock Holmes ist für seine exzellente Beobachtungsgabe bekannt. Schauen Sie sich die Abbildung mit den übereinanderliegenden Lupen genau an: Durch wie viele von ihnen kann man einen oder mehrere Blutflecke erkennen?

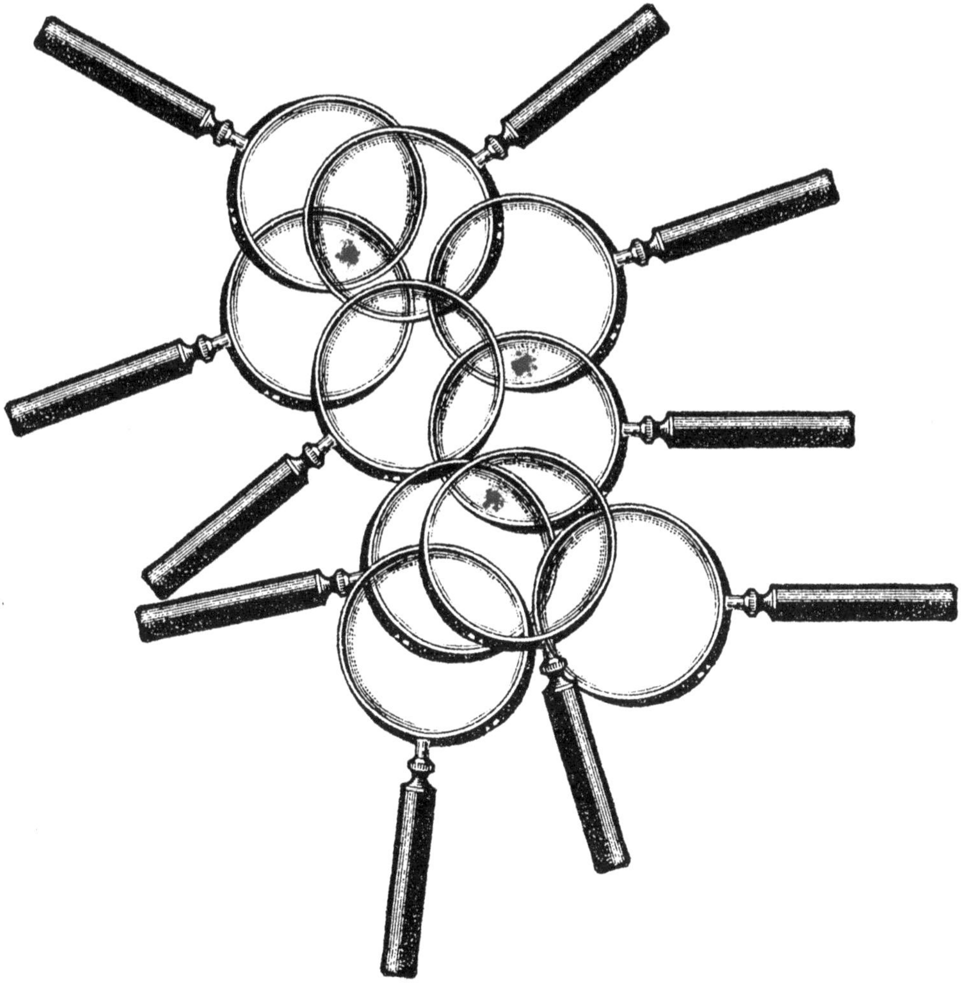

SCHATTENSPIELE

Problemlösung

★ ★ ★

Nachdem ich mich mit dem Ritual beschäftigt hatte, war mir völlig klar, dass sich die Maße auf einen Punkt beziehen mussten, auf den der Text immer wieder anspielte. Wenn wir diesen Punkt fänden, könnten wir womöglich herausbekommen, was es für ein Geheimnis war, das die alten Musgraves auf eine so seltsame Weise hatten bewahren wollen."

Um einen von ihnen in der Nähe vermuteten Schatz zu bergen, müssen Holmes und Watson die Länge des Schattens abschätzen, den eine vor langer Zeit gefällte Ulme geworfen hatte. Glücklicherweise erinnert sich Musgrave, wie hoch der Baum war, bevor er gefällt wurde. Mithilfe von Schnüren, Tauen und einer Angelrute kann Holmes die Länge des Schattens tatsächlich bestimmen. Denn wenn eine aufrechte Angel von sechs Fuß Länge einen neun Fuß langen Schatten wirft, wie lang ist dann der Schatten, den ein 64 Fuß hoher Baum wirft?

2-MINUTEN-RÄTSEL

PRIMA WÜRFELRÄTSEL

Problemlösung

★ ★ ★

Mrs Hudson, Watson und Holmes spielen ein einfaches Brettspiel mit Spielsteinen und zwei Würfeln. Nach einer Weile machen sie eine kurze Pause, sodass Mrs Hudson Tee kochen kann. Während dieser Zeit stellt Watson Sherlock eine Frage:

„Hören Sie, Holmes, dies hier sind ganz normale sechsseitige Würfel – wie hoch ist die Wahrscheinlichkeit, dass ich mit beiden zusammen eine Primzahl würfle?“

„Nun, Watson – die Antwort ist doch ganz einfach!“, antwortet der große Detektiv.

Londons größter Detektiv kann dieses Rätsel umgehend lösen. Schaffen auch Sie es in zwei Minuten oder weniger?

60-SEKUNDEN-RÄTSEL

ZAHLEN UND TÜREN

Problemlösung

★ ★ ★

Watson schaut aus einem der Fenster in seinem und Sherlocks Heim auf die Baker Street hinaus und sieht, wie ein Briefträger überall Briefe und Päckchen zustellt. *„Hören Sie, Holmes, ist es nicht eine langweilige Arbeit, immer und immer wieder dieselbe Runde zu drehen?“*

„Das schon, Watson, aber es gibt Mittel und Wege, den Geist während dieser Zeit zu beschäftigen. Ich zum Beispiel würde mir kleine Aufgaben stellen wie die hier: Wenn ich in Häusern mit den Nummern 1 bis 100 Post zustelle, wie oft begegne ich dabei der Ziffer 1? In Hausnummer 11 zum Beispiel begegne ich ihr zweimal, klar. Aber wenn man alle Gelegenheiten zusammenzählt, bei denen ich auf eine 1 treffe, wie oft wäre das dann?“

Können Sie die Frage beantworten?

60-SEKUNDEN-RÄTSEL

WÜRFELSYMBOLE

Wahrnehmung

★ ★ ★

Watson möchte seine Wahrnehmung schärfen. Auf jeder Seite eines Würfels befindet sich entweder ein Quadrat, ein Kreis, ein Dreieck, eine Raute, ein Herz oder ein Stern. Schauen Sie sich die Flächen des Würfels in der Abbildung rechts unten genau an. Können Sie nun anhand des Rollwegs des Würfels in der linken Abbildung vorhersagen, welches Symbol am Ende ganz oben auf dem Würfel zu sehen sein wird?

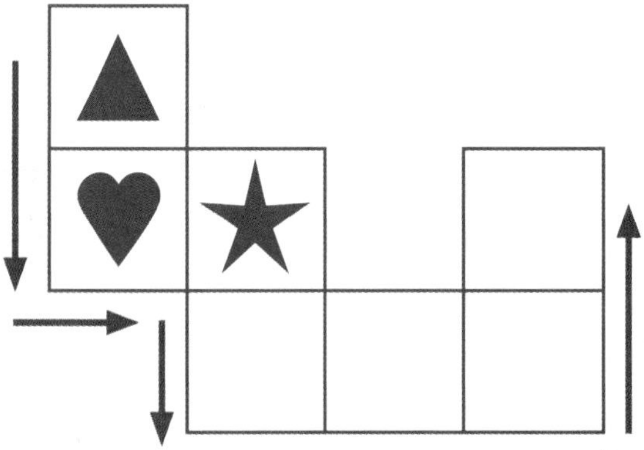

5-MINUTEN-RÄTSEL

FARBENSPIEL

Wahrnehmung

★ ★ ★

Mustererkennung ist eine Technik, die jeder gute Detektiv erlernen und beherrschen muss. Um nun Watsons Fähigkeiten in Sachen Mustererkennung zu testen, hat Sherlock ihm eine Aufgabe gestellt. Das unten abgebildete Raster besteht aus scheinbar willkürlich angeordneten Farbfeldern. Watson muss nun die rechts daneben abgebildeten Farbfolgen im Raster finden. Sherlock hat ihm dafür fünf Minuten gegeben. Schaffen Sie diese Zeit auch oder können Sie sie sogar unterbieten?

Die Farbfolgen können horizontal, vertikal oder diagonal sowie vorwärts oder rückwärts im Raster angeordnet sein.

IDENTITÄT UND DIEBSTAHL

Logik

★ ★ ★

Holmes und Lestrade untersuchen einen Raubüberfall, der an einem Dienstagnachmittag um 13.20 Uhr in einer Seitenstraße passiert ist. Doch die Informationen, die ihnen ein Polizist gibt, der ebenfalls mit dem Fall befasst ist, sind nicht besonders klar. Unten finden Sie alle Informationen, an die der Polizist sich erinnern konnte, denn er hat sich die wirklich wichtigen Details leider nicht aufgeschrieben. Er ist sich sicher, dass er fünf Verdächtige vernommen hat. Er hat sich ihre Haarfarbe notiert und sie nach ihrem Namen, ihrem Alter und ihrem Alibi gefragt. Füllen Sie anhand dieser Informationen die nebenstehende Tabelle und ordnen Sie allen Verdächtigen Haarfarbe, Alter und Alibi zu. Nutzen Sie auch das unter der Tabelle befindliche Raster als Hilfsmittel.

„Ethel ist die Zweitjüngste der Gruppe. Edward ist auch nicht der Jüngste der Fünf und er ist wie Thomas auch nicht 45. Die jüngste Person hat ausgesagt, dass sie in einer Droschke saß, als das Verbrechen verübt wurde. Die Person mit dem blonden Haar hat ausgesagt, sie sei in der Klavierstunde gewesen, als der Diebstahl passierte, und Arthur ist sich sicher, dass er zu der Zeit beim Schlachter war und eine Auswahl an Fleisch abholte. Ich weiß noch, dass Ethel rotes Haar hatte und dass die Person mit dem braunen Haar nicht im Park Schach gespielt hat. Jetzt fällt es mir auch wieder ein – der mit den braunen Haaren hieß Edward, und die Person mit der dunkelsten Haarfarbe war von allen am ältesten. Das ist alles, woran ich mich erinnere.“

Identität und Diebstahl	Schlachter	Schach	Droschke	Klavierstunde	Pub	18	21	32	45	63	Schwarz	Blond	Braun	Grau	Rot
Arthur															
Bertha															
Edward															
Ethel															
Thomas															
Schwarz															
Blond															
Braun															
Grau															
Rot															
18															
21															
32															
45															
63															

Name	Haarfarbe	Alter	Alibi
Arthur			
Bertha			
Edward			
Ethel			
Thomas			

RUNDHERUM

Problemlösung

★ ★ ★

Auch wenn jeder einzelne Fall seine ganz eigenen Drehungen und Wendungen hat, ist es wichtig, alle Indizien miteinander zu verbinden, um schreckliche Verbrechen möglichst frühzeitig abzuwenden. Können Sie die folgende Aufgabe lösen? Bilden Sie eine einzige durchgehende Rundstrecke, die genau einmal durch jedes einzelne Feld verläuft und sich dabei nicht selbst kreuzt. Grundsätzlich führt der Weg entweder geradeaus durch ein Feld durch oder knickt in der Mitte des Feldes rechtwinklig ab.

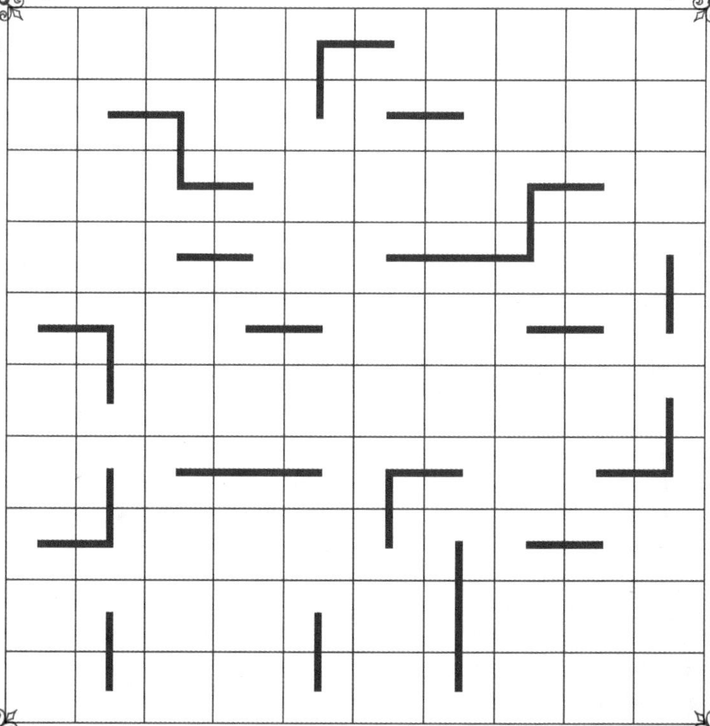

5-MINUTEN-RÄTSEL

UNTERWASSERWISSEN

Problemlösung

★ ★ ★

In *Die Bruce-Partington-Pläne* werden zusammen mit der Leiche von Arthur Cadogan West sieben Seiten geheimer U-Boot-Pläne gefunden. Damit fehlen immer noch drei Seiten. Schauen Sie sich die folgenden, mit der Story verbundenen Personen- und Ortsnamen an und finden Sie sie im Raster wieder. Können Sie zusätzlich die beiden Anagramme entschlüsseln und so die an Mord und Diebstahl Schuldigen ermitteln? Die Buchstaben beider Anagramme sind farbig hervorgehoben.

Sherlock Holmes
Mycroft Holmes
Cadogan West
James Walter
Sidney Johnson
Hugo Oberstein
John Watson
Pierrot
Valentine Walter
Aldgate
Royal Arsenal
Woolwich

```
                                              V
                                              A
                                              L
                                            S E R
                                        X B I N O
                                        N U D T Y
                                      T O Q N I A
    W                 P N I W R V Y R W P V E N L R S E
  H R     O K L A N O S T A W N H O J Y X O Y E A U O S M
  K C   U O Y T S E W N A G O D A C S T D P J W R P E U F E
A O T I S E M L O H T F O R C Y M A P T I O O A S T U W T T
I L V I W C N I E T S R E B O O G U H E T L H L E Y W A R D
  Y K   R L F P T C R T L B I V U O R P Y W N T N Q G L E
  I U       O J A M E S W A L T E R X O D E S E A D R L
    L         O S E M L O H K C O L R E H S O R L U J
                W E Z F E R T T S S Q P C U N A G U
```

DIE LÖSUNGEN

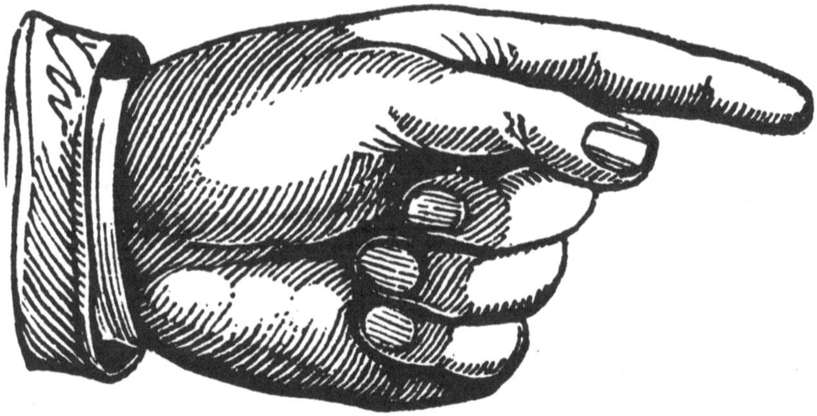

DIE LÖSUNGEN

Seite 8

Blind Date

Seite 9

Mord am Federvieh

16 Hühner. Das Muster lautet +1, +3, +1, +3 usw.

Seite 11

Der große Sumpf von Grimpen

		●	●		1	2	●		0
	2	●	3			●	4		
			2		●	●	●		
1	●	2	2	●	3			●	1
	3	●	3			1	1		1
●		2	●		●		0	1	
	1				2	2			●
			1		●			1	
●		2	●		1		0		1
1	2	●							●

Seite 10

Rothaarige Männer

Name	Haarfarbe	Beruf
Duncan Ross	Hellrot	Assistent
Jabez Wilson	Feuerrot	Pfandleiher
Vincent Spaulding	Dunkelrot	Arzt

Seite 12

Wo sind Sie, Watson?

W	W	W	S					O	A	O	O					S	W	N	T
A	O	A	S					A	O	O	O					A	S	T	A
T	A	T	T					W	S	O	O					O	A	T	N
S	O	O	O					W	T	A	A					W	O	W	W
A	A	N	N					A	A	T	T					O	A	N	S
N	T	S	T					A	W	S	S					A	O	W	T
W	W	O	A					A	W	A	N					W	O	A	O
A	N	T	S					N	W	A	W					N	W	O	S
A	N	N	N					A	S	O	T					A	T	O	A
S	W	W	S					W	N	S	A					A	O	A	N
T	O	W	O	A	S	N	S	W	A	W	W	T	W	T	O	T	N	O	O
S	W	A	T	S	O	T	S	W	W	S	S	T	T	S	S	W	S	A	N
S	O	A	N	O	W	T	N	O	T	S	A	W	T	T	A	T	S	A	S
W	N	A	W	N	S	T	S	O	S	O	S	A	T	S	A	A	W	T	O
T	W	T	N	W	W	S	O	S	A	N	A	W	T	W	S	A	W	A	O

Seite 13

Schnelle Pferde

1) Colonel Ross
2) *Boxer*
3) Lord Singleford
4) Dem Herzog von Balmoral
5) *Desborough*

Seite 14

Erheben Sie sich, Sir Sherlock

25	84	27	2	23	80	43	16	21	18
28	3	24	79	86	1	22	19	42	15
83	26	85	30	81	78	95	44	17	20
4	29	82	87	96	91	74	77	14	41
67	88	31	92	75	98	63	94	45	72
32	5	68	97	90	93	76	73	40	13
55	66	89	60	69	64	99	62	71	46
6	33	56	65	100	61	70	49	12	39
57	54	35	8	59	52	37	10	47	50
34	7	58	53	36	9	48	51	38	11

Seite 15

Von Tür zu Tür – Die richtige Reihenfolge von links nach rechts lautet: Blau, Weiß, Rot, Schwarz, Grün, Gelb, Braun.

Seite 16

Auf Leben und Tod

Mittwoch

Seite 17

Das Puzzleteil – Scherbe D

Seite 20

Stürmische Nacht – Sie hat immer noch 24 Kühe, nur sind leider ein paar von ihnen tot.

Seite 21

Wie viele Sterne? – 56. Der Sherlock-Holmes-Kanon besteht aus 56 Kurzgeschichten und vier Romanen von Arthur Conan Doyle.

Seiten 18–19

Auf der Flucht

Seite 22

Brücken bauen

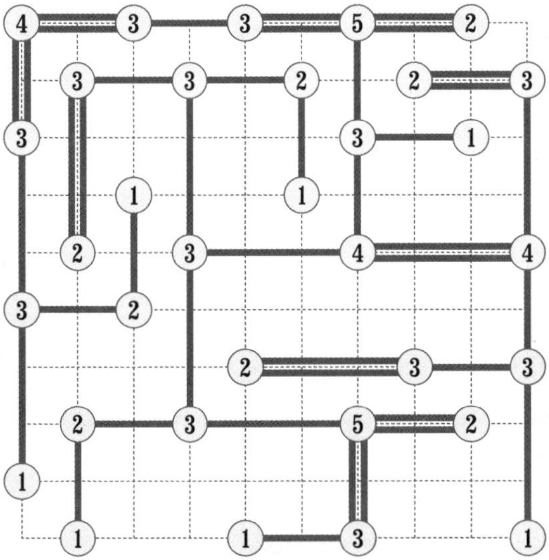

Seite 23

Falscher Klunker – Zweimal. Bevor sie sie auf die Waage legen, teilen sie die Diamanten in drei Grüppchen aus jeweils drei Steinen auf. Dann wiegen sie zwei der drei Grüppchen gegeneinander auf. Wenn die Schalen sich nicht die Waage halten, dann enthält das leichtere Grüppchen den falschen Stein. Wenn die Schalen sich die Waage halten, dann enthält das noch nicht gewogene Grüppchen die Fälschung. Durch einmaliges Wiegen bleiben also nur noch drei Steine übrig. Jetzt wiegen Holmes und Watson zwei dieser letzten drei Steine gegeneinander auf. Wenn die Schalen sich die Waage halten, dann ist der übrig gebliebene Stein die Fälschung. Wenn sie sich nicht die Waage halten, dann ist es der leichtere der beiden gewogenen Steine.

Seite 24

Erhellender Gedanke
Seil A

Seite 26

Uralte Sprache – Die Abfolge besteht aus den Zahlen 1, 2, 3, 4, 5 und 6. Jede Zahl ist gespiegelt und die beiden Spiegelhälften sind miteinander verbunden.

Seite 25

Pyramidensystem
Die Aktennummer des Betrügers ist 931.

931
395 536
159 236 300
65 94 142 158
31 34 60 82 76
20 11 23 37 45 31
19 1 10 13 24 21 10

Seite 27

Pfeifenunfall – Pfeife C

Seite 28

Wie gemalt – Es entsteht das Bild einer Deerstalker-Mütze.

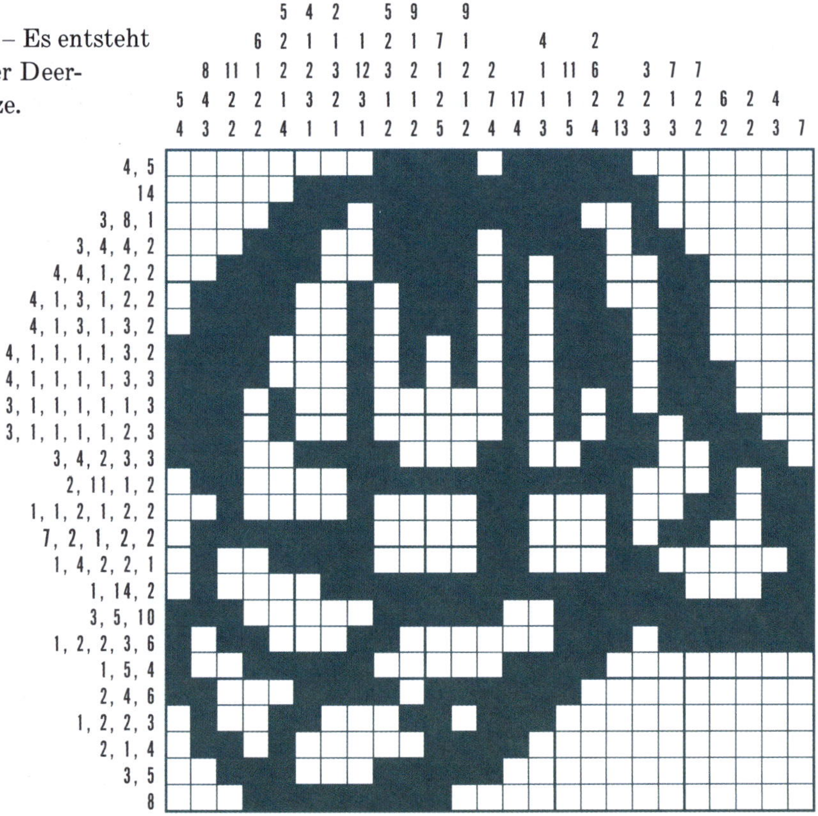

Seite 29

Zielübung

24, 39, 41 = 104
13, 21, 22 = 56
28, 38, 48 = 114

Seite 30

Verschwundenes Pferd

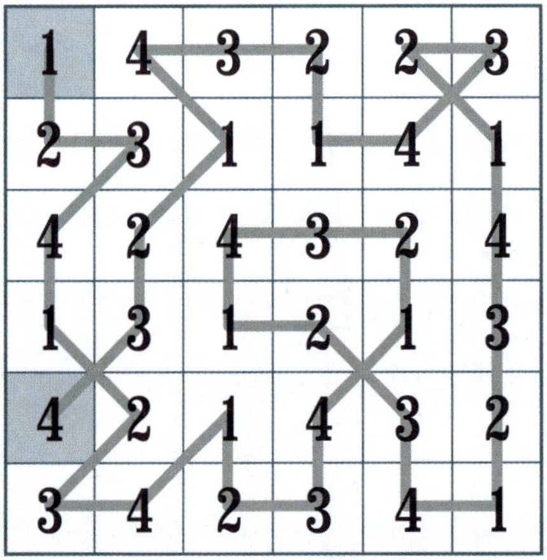

Seite 31

Generalschlüssel – Schlüssel E ist der einzige Schlüssel, der passt.

Seiten 32–33

Ein Schiff wird kommen

2	1	5	7	1	5	7	2	9	5	5	1	4	1	4
6	7	7	2	4	4	8	7	8	4	9	7	4	2	3
1	5	8	5	2	0	8	9	1	8	9	3	4	9	6
6	4	1	5	5	4	5	7	9	1	7	7	1	2	9
2	6	8	5	3	1	8	7	4	5	9	1	7	7	1
3	6	7	6	2	9	9	2	6	0	8	2	2	7	5
7	5	3	6	3	2	5	9	1	9	5	2	5	9	9
7	8	5	3	7	4	0	7	5	2	4	9	1	1	9
1	7	8	7	2	8	0	2	1	3	8	5	1	8	8
8	2	7	2	6	9	6	8	5	4	2	2	6	5	2
5	6	1	3	8	2	1	5	8	3	5	9	5	3	3
7	9	1	5	0	8	5	8	6	3	6	0	6	4	2
8	4	7	6	9	1	7	7	2	2	5	2	0	7	7
8	2	7	3	6	3	3	9	3	1	3	6	2	5	9
2	5	6	6	7	5	6	7	5	6	5	6	9	6	1

Seiten 34–35

Auf dem richtigen Gleis – Der Lokführer heißt TED THOMPSON.

	3	2	2	2	5	4	5	3	
	A	D	T	G	T	H	S	E	2
	S	D	F	D	S	M	L	L	2
A	T	T	M	G	K	O	M	W	4
	E	H	M	K	D	P	Q	O	6
	P	F	M	J	S	W	I	Q	1
	D	D	S	O	I	K	P	S	2
	E	R	W	N	Q	E	N	K	1
	N	J	D	F	S	Q	E	Q	8

B

Seite 36

Eine Frage der Prägung

Auf dem Schild sind vier Löwen abgebildet. Bei einer Originalmünze sind es aber nur drei.

Seite 37

Lasst die Würfel rollen! – Die Chancen pro Wurf stehen bei 4:36 (fünf Augen), 2:36 (elf Augen), 6:36 (sieben Augen) und 4:36 (neun Augen). Daher stehen die Chancen, wenn man zuerst elf und dann fünf Augen wirft, bei 2:36 × 4:36 = 8:1296 = 1:162. Die Chancen, wenn man zuerst sieben und dann neun Augen wirft, stehen bei 6:36 × 4:36 = 24:1296 = 1:54.
Mycrofts Kombination ist also dreimal wahrscheinlicher als Sherlocks.

Lasterhöhle – Der Mann hatte sich mithilfe von Schminke blitzschnell selbst in den Bettler verwandelt, den die Frau in dem Zimmer sitzen sah und nicht erkannte. Dies ist Teil der Handlung in der Geschichte *Der Mann mit der entstellten Lippe*, in der Neville St. Claire seiner Frau die Art seines Broterwerbs (nämlich Betteln) verschweigt und sie glauben macht, er habe eine respektable Arbeit in der Stadt.

Seite 38

Auf die Uhr geschaut

Name	Modell	Armband
Baxter	*Elite*	Silber
Clifford	*Executive*	Leder
Ernest	*Exclusive*	Gold

Seite 39

Eine Frage der Größe

Sie hatten beide fünf Kinder. Der zweite Neffe hatte vier Töchter, die allesamt einen Bruder hatten, nämlich ein und denselben.

Seite 40

Rennrad – Die Durchschnittsgeschwindigkeit beträgt 18 Meilen pro Stunde. Es gilt: Geschwindigkeit = Distanz/Zeit und 3 Minuten 20 Sekunden = 200 Sekunden von 3600 Sekunden pro Stunde, also $\frac{1}{18}$ von einer Stunde. Die Geschwindigkeit beträgt somit $1/(\frac{1}{18})$ = 18 Meilen pro Stunde.

Seite 41

Wohlgehütetes Geheimnis

Glockenzug D

Seite 42

Ein knackiger Code

Symbol-Code: =%+?

?	#	@	!	%	£	=	+	&
%	&	£	+	@	=	#	?	!
+	=	!	?	&	#	@	%	£
=	!	#	%	£	@	+	&	?
£	%	+	#	?	&	!	@	=
&	@	?	=	!	+	£	#	%
!	+	%	£	#	?	&	=	@
#	£	&	@	=	%	?	!	+
@	?	=	&	+	!	%	£	#

Seite 43

Dessertrezept

1) Zwei
2) Himbeer und Erdbeer
3) 4 TL
4) Klein

Seite 44

Goldgräber – 30 Kisten

Seite 45

Alles hat seinen Preis – Sherlocks Honorar beträgt 21 Pfund.

8	×	4	+	3	35
×		×		×	
1	×	6	×	5	30
+		+		−	
2	×	9	×	7	126
10		33		8	

Seite 46

Doppelfehler – Watson

Das ist die Höhe – Sie sprang aus dem Fenster im Erdgeschoss.

Seite 47

Vierlinge

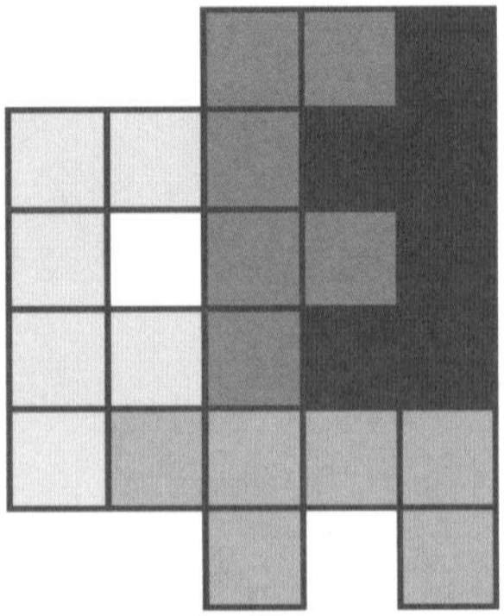

Seite 48

Eindruck durch Abdruck – John Turner. Sein Name ist in dem Schuhabdruck versteckt. Die verschiedenen Muster ergeben die Buchstaben TURNER.

Seite 49

Das Abenteuer der drei Studenten
Drei Meilen nach Osten

Seite 50

Alter Hut – Option B

Seite 51

Schuhgrößen – Die Schuhgrößen der beiden anderen Verdächtigen waren 8 und 12.

Seite 52

Hinein ins Grüne

Seite 53

Die Summe aller Teile – Mütze = 5, Pfeife = 7, Lupe = 11

Seite 54

Im tiefen Wasser

Seite 55

Falsche Identitäten

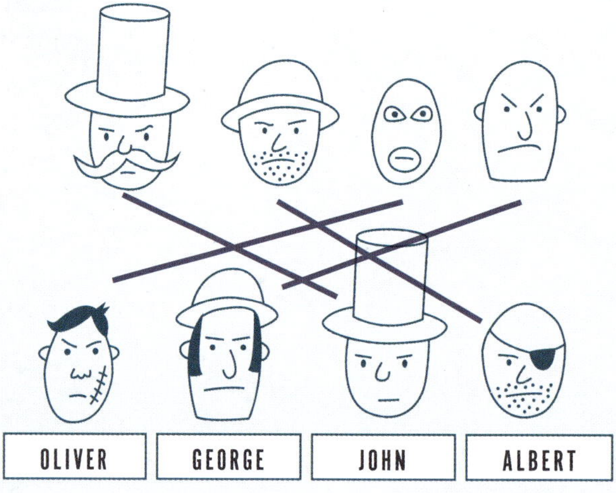

Seite 56

Happy Birthday, Mrs Hudson! – 50 Jahre

Seite 57

Entlassungsdatum – Er musste am 1. Juli ins Gefängnis gegangen sein, denn die einzigen aufeinanderfolgenden Monate mit derselben Anzahl an Tagen (in einem Kalenderjahr) sind Juli und August. Er wurde also am 6. September entlassen.

Seite 58

Einer fehlt! – Die fehlende Figur ist ADLER.

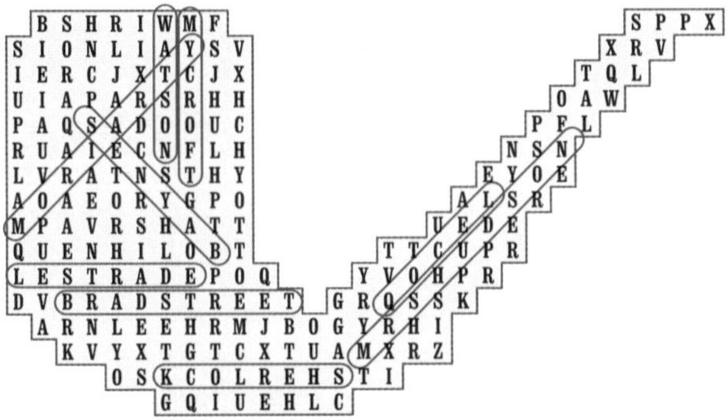

Seite 59

Aus dem Kopf

1) Sechs
2) Lupe
3) Deerstalker-Mütze
4) Geige
5) Deerstalker-Mütze

Seite 60

Welcher Arzt?

Name	Haarfarbe	Alter
Mr White	Rot	40
Mr Wood	Blond	35
Mr Wright	Schwarz	45

Seite 61

Blutzoll – Sie müssen die Buchstaben nach ihrer Häufigkeit ordnen. Das J kommt am seltensten vor, das N am häufigsten. Wenn man die Buchstaben entsprechend anordnet, ergibt sich der Name JIM BROWN.

Seite 62

Räuberhöhle – Der Banker war der einzige Mann in der Kneipe. Sie wussten, dass ein Mann das Haus ausgeraubt hatte. Daher konnten sie die beiden Frauen aus der Bäckerei und Fleischerei und die Lehrerin ausschließen.

Seite 63

Betrunkener Seemann

88	7	46	49	86	9	44	73	94	11
47	50	87	8	45	82	93	10	43	72
6	89	48	81	92	85	74	95	12	99
51	80	65	90	75	96	83	100	71	42
64	5	78	59	84	91	76	57	98	13
79	52	61	66	77	58	97	70	41	56
4	63	32	53	60	67	18	55	14	69
31	34	29	62	1	54	23	68	19	40
28	3	36	33	26	17	38	21	24	15
35	30	27	2	37	22	25	16	39	20

Seite 65

Tarnschmuck – Das Bild zeigt Sherlock Holmes.

Seite 64

Gefängnisausbruch – Wie in der Abbildung zu erkennen, kann sich der Gefangene in der Zelle frei bewegen, und zwar bis zur Gittertür. Es ist also möglich, dass er die Schlüssel zu seiner Kette und zur Zelle aus der Gesäßtasche des Wärters gestohlen hat, der direkt vor seiner Zelle Wache hielt, und dann einfach den Schichtwechsel der Wachen abwartete, um den Fluchtversuch zu wagen. Am einfachsten kann man sich das vorstellen, wenn man ein Stück Schnur hat, das so lang ist wie die Linie in der Zeichnung, und damit einen Kreis ausführt.

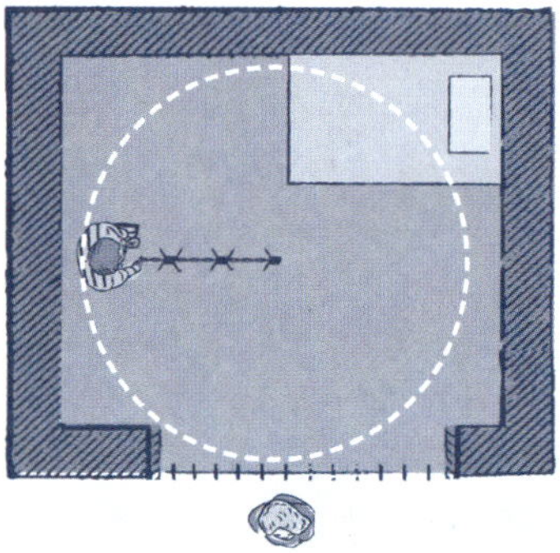

Seite 66

Des Pfarrers Tischtuch

Seite 67

Pianoforte – 1847

Eine Tasche oder zwei
37 Personen. Das Muster lautet: Tag des Monats plus Monat des Jahres.
25 + 12 = 37.

Seite 68

Reagenzgläser – Die Zahlen auf den Gläsern beziehen sich auf die Ordnungszahlen der chemischen Elemente Sauerstoff, Schwefel, Kohlenstoff und Argon im Periodensystem. Ihre Symbole lauten O, S, C und Ar, woraus Sherlock den Namen Oscar ableitet.

Seite 70

Auf dem Posten

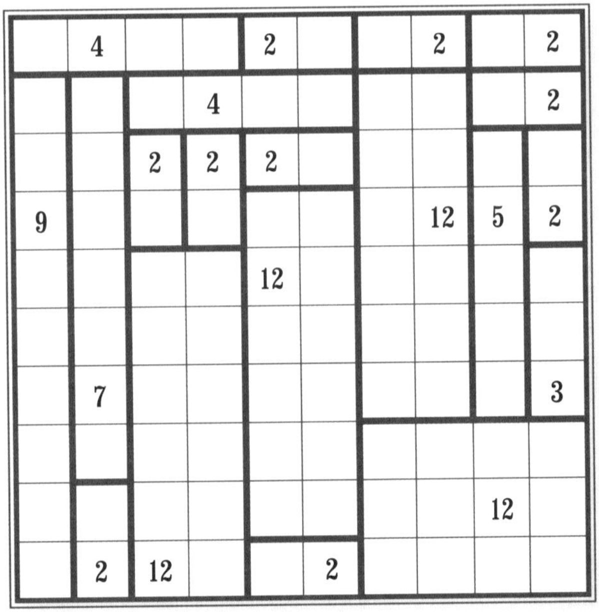

Seite 69

Kalkulationen im Zug – Bath. Es gilt Entfernung = Geschwindigkeit × Zeit. 53,5 Meilen pro Stunde × 2 ¼ Stunden = 120,4 Meilen (auf eine Dezimalstelle gerundet).

Seite 71

Vierlingspfeifen
1) Watson
2) Lestrade
3) Holmes
4) Gregson

Seite 72

Rauchstrategien – Sherlock sollte Päckchen B wählen.

Seite 73

Haltet alle Uhren an – 2225 Sekunden oder 37 Minuten und 5 Sekunden. Sie können die Aufgabe entweder durch ganz normales Addieren lösen oder folgende Formel anwenden:
$S = n/2 \times (2a + (n-1)d)$.
S ist die Gesamtsumme, n die Anzahl der Terme (50), a der erste Term (20) und d die Differenz zwischen den Termen (1). Hieraus ergibt sich
25 × 89 = 2225.

Seite 74

In der Schusslinie

Mycroft, Sherlocks Bruder

Seite 75

Eingepackt – B, C und F

Seite 76

Die Frau im Lampenschein

B

Seite 77

Lückenlose Erinnerung

1) An Gasbrennern
2) Mit Silberbändern
3) Sieben Schilling und sechs Pence
4) Muskulös und energisch

Seiten 78–79

Alle auf einmal

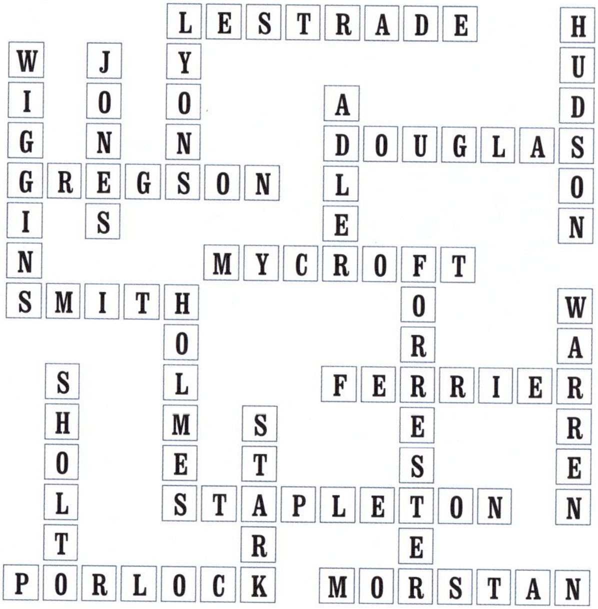

Seite 80

In der Unterwelt

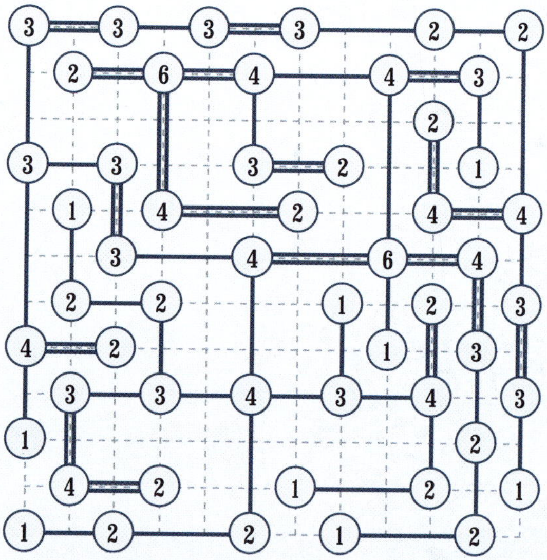

Seite 81

In der Falle

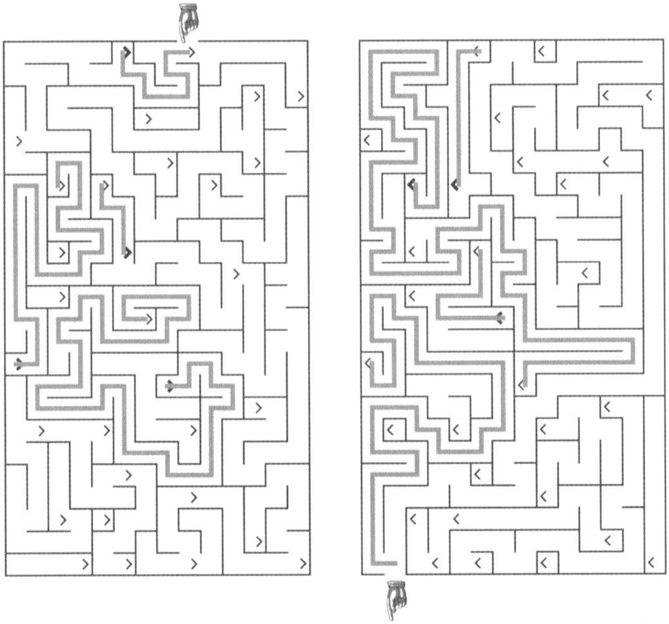

Seite 82

Rendezvous mit dem Schicksal – Der Täter wird am 27. Dezember 1895 das nächste Mal zuschlagen.

2	8	6	5	4	1	3	9	7
5	7	4	3	2	9	6	1	8
9	3	1	6	8	7	5	4	2
7	4	5	2	6	3	1	8	9
3	9	8	4	1	5	7	2	6
1	6	2	7	9	8	4	3	5
6	2	3	8	5	4	9	7	1
8	1	7	9	3	6	2	5	4
4	5	9	1	7	2	8	6	3

Seite 83

Fünf Orangenkerne – Null Mal, denn er besaß keine Apfelbäume. Er versuchte, Orangenbäume zu züchten.

Seite 84

Wettrennen gegen die Zeit
Holmes und Watson erreichen den Bahnhof zuerst. Die beiden brauchen 45 Minuten zur Paddington Station, der Kriminelle aber 48.

Gefangene machen – Zehn. Es ist sehr verlockend, 200 zu sagen, doch man sollte sehr genau nachdenken!

Seite 85

Im Zug nach Irgendwo

Nach Leeds. Der Zielort ergibt sich aus den beiden Zahlen, indem man die Fahrkarte faltet. Wenn man es richtig anstellt, wird aus 15515 und 12269 die Buchstabenfolge lEEdS.

Seite 86

Ein frisches Paar Augen

0	0	0	3	0	5	3	2
1	4	6	6	4	5	4	5
2	6	5	6	3	1	5	2
0	3	5	0	3	2	6	4
5	2	1	2	1	2	6	4
2	6	1	0	3	4	5	4
3	1	4	1	1	6	0	3

Seite 87

Briefgeheimnis – Die Buchstaben müssen entsprechend der Reihenfolge der Zahlen am Ende des Briefes geordnet werden. Dann ergibt sich der Name HARRY WILSON.

Seite 88

Auf dünnem Eis – Es wird gar kein warmes Wasser benötigt. Um das Diebesgut zurückzuerlangen, müssen Holmes und Watson einfach nur warten, bis das Eis geschmolzen ist.

Seite 89

Das letzte Wort – Der Name „Rachel“ taucht achtmal im Raster auf.

C	E	E	A	L	R	H	R	L	R	R	A	A
A	L	R	L	C	E	H	L	A	L	L	C	C
E	R	C	A	R	A	H	R	A	A	C	R	R
C	H	C	C	C	A	E	C	R	R	A	L	C
L	E	H	C	A	R	C	C	A	C	H	R	L
R	R	E	L	R	C	E	H	H	R	A	H	H
A	A	A	C	E	R	E	E	C	C	H	H	L
C	C	C	H	C	H	L	H	H	C	H	C	C
H	H	E	H	H	R	C	E	C	E	L	H	E
E	E	L	E	E	C	L	E	R	H	C	L	H
L	L	C	H	E	L	E	H	C	A	R	L	H
A	H	L	C	R	L	L	C	C	L	H	L	E
R	A	E	C	H	A	A	H	A	E	C	C	H

Seite 90

Alles da und alles falsch

O	S	H	M	E	L
E	H	M	S	L	O
S	M	L	E	O	H
H	O	S	L	M	E
M	L	E	O	H	S
L	E	O	H	S	M

Seite 91

Farbenlehre – Vier. Es gibt nur drei Schuhfarben. Sollte Watson also drei Schuhe in unterschiedlichen Farben aus dem Schrank nehmen, muss der vierte Schuh die gleiche Farbe haben wie einer der bereits entnommenen.

Seite 92

Der große Abwasch – 18 Gabeln und 45 Löffel

Seite 93

Vier Zahlen – Die übrig bleibenden Ziffern ergeben die Zahl 1890. In dem Jahr ist der Roman *Das Zeichen der Vier* erschienen.

2	3	2	7	6	8	7	6	5	6	5	4
3	2	3	4	0	1	2	3	2	1	7	3
4	4	2	4	5	3	4	5	4	3	0	1
2	1	9	**1**	2	3	8	4	5	2	8	0
3	9	7	6	2	2	2	6	9	1	2	4
4	1	8	3	4	3	5	4	3	5	3	2
2	7	6	3	3	5	7	5	3	5	4	5
3	2	2	8	2	1	6	8	3	2	6	8
8	7	7	8	8	2	6	4	2	7	7	4
9	**9**	3	8	8	1	6	9	5	3	5	**0**
1	1	7	1	5	4	1	6	3	8	4	4
6	9	2	1	3	4	2	7	8	6	7	2

Seite 94

Im Spiegel – C

Seite 95

Barcode – Archibald Weaver. Wenn man von links nach rechts liest, verweisen die dunkel markierten Felder darauf, dass man einen Buchstaben überspringen, und die hellen, dass man einen Buchstaben übernehmen soll. Die obere Reihe an Feldern gehört zur ersten Textzeile. Es ergibt sich der Name „Archibald". Aus der unteren Reihe an Feldern und der zweiten Textzeile ergibt sich der Name „Weaver".

Seite 96

Gütesiegel – 14 Dreiecke

Seite 97

Vorsicht, Stufen! – 142 Zoll

Seite 98

Papiertiger – Auf den Blättern stehen die Namen „Sebastian“ und „Moran“. Sebastian Moran ist ein ehemaliger Soldat, der jetzt in Moriartys Diensten steht.

Seite 99

Umgehauen – 19

Seite 100

Kreislauf des Lebens

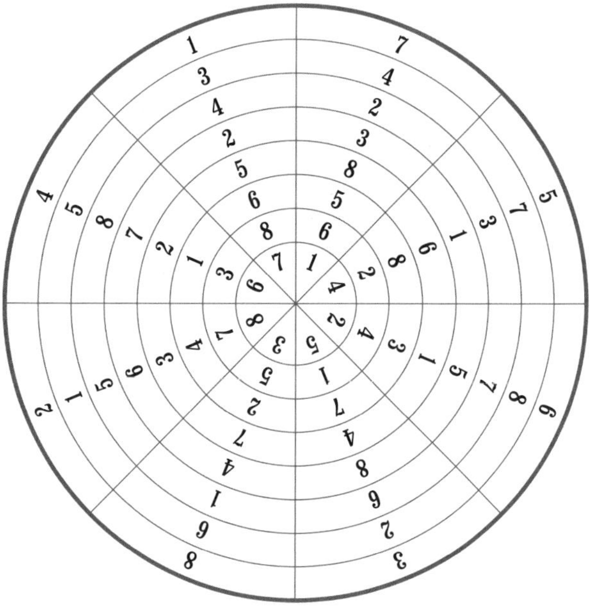

Seite 101

Vom Winde verweht

1	5	6	2	4	3
3	2	5	6	1	4
4	3	1	5	6	2
2	6	3	4	5	1
5	1	4	3	2	6
6	4	2	1	3	5

Seiten 102–103

Mit allen Tricks

Seite 108

Esels-Schinderei – Elf Pfähle – und nicht etwa zehn!

Seiten 104–105

Allgemeinbildung

1) Politik
2) Präzise, aber unsystematisch
3) Von dreien
4) Singlestick-Kampf, Boxen und Fechten
5) Unterschiedlich

Seite 106

In der Höhle des Löwen – Die Dame genießt ihren Besuch im Zoo und der Löwe ist hinter Gittern.

Seite 107

Rohdiamant – 17 Pfund

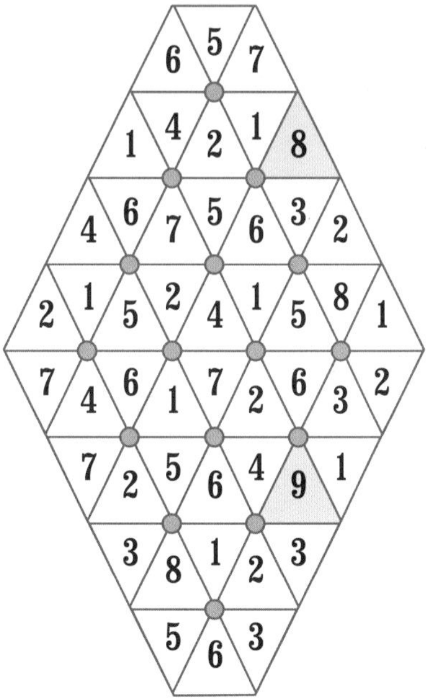

Seite 109

Verloren auf See

▲			▲		▲		●		●	5
■			■		▼					3
■			▼							2
▼					▲					2
					▼					1
◀	■	▶								3
				●		●				2
										0
◀	▶									2
										0
6	2	1	3	1	4	1	1	0	1	

Seite 110

Brücken übers Wasser

Seite 111

Kenne deinen Feind

140 und 145 cm

Seite 112

Pralinenroulette – Von insgesamt 35 Pralinen werden nur zehn ihn zufriedenstellen, da ihm nach einer Praline mit Milchschokolade ist. Von daher stehen für ihn die Chancen, enttäuscht zu werden, bei 25:35 oder 5:7.

Vergebliche Liebesmüh

Am 13. September

Seite 113

Zweite Geige – Geige C

Seite 114

Spürhunde – Es werden 15 Spürhunde benötigt. Aus der Berechnung der Fläche des Dreiecks (0,5 × 13 × 18 × sin 39) ergibt sich die Antwort 73,6 m².

Seite 115

Die Buchstaben des Gesetzes
Moriarty. Wenn man sich die Schreibmaschine anschaut, stellt man fest, dass die Buchstaben, die den Namen Moriarty ergeben, weitaus abgenutzter sind als die anderen. Das kommt daher, dass er sie Hunderte von Malen benutzt hat, um seine Briefe zu unterzeichnen.

Seite 116

Zeugenschutz – Der 25. Mai. Die Hinweise schließen alle anderen Daten aus.

Seite 117

Alles offen – Seine Augen

Schlafenszeit – 12,5 Jahre

Seite 118

Wandertag – Drei Stunden. 180 (Minuten) ist das kleinste gemeinsame Vielfache von 12, 18 und 30.

Seite 119

Treffen der großen Geister – MacDonald ist nicht im Raster zu finden und deshalb der Einzige, der bei dem Treffen nicht anwesend war.

N	A	T	S	R	O	M	Y	R	A	M	L	L	I	H
I	F	Y	S	O	T	U	R	N	E	R	U	B	F	M
I	N	D	E	D	E	L	A	N	O	D	C	A	M	Y
H	T	I	M	S	R	S	I	R	R	O	M	Y	S	C
O	E	J	L	S	M	A	I	L	L	I	W	N	S	R
P	G	T	O	B	Y	V	W	W	E	O	A	E	E	O
K	R	N	H	H	R	Y	H	D	O	V	N	S	N	F
I	I	O	K	A	N	I	M	D	E	E	A	H	O	T
N	F	S	C	I	T	W	N	O	S	K	C	A	J	H
S	F	G	O	E	S	T	A	M	F	O	R	D	D	O
I	I	E	L	T	E	E	R	T	S	D	A	R	B	L
R	T	R	R	E	N	N	N	O	S	D	U	H	I	M
R	H	G	E	O	D	A	V	I	S	O	T	E	L	E
A	S	A	H	T	H	G	I	R	W	P	N	P	L	S
H	E	A	S	L	E	S	T	R	A	D	E	R	Y	S

Seite 120

Zeit für Tee – 264 Tassen: 4 × 3 × 14 (in den ersten 14 Tagen) plus 2 × 3 × 16 (im restlichen Juni) ergeben insgesamt 264 Tassen Tee.

Seite 121

Zum Zusammensetzen – Die Tower Bridge

Seite 122

Gegen die Zeit – 15 Kämpfe à elf Minuten = 165 Minuten. Das Boxturnier endet also um 13.45 Uhr. Wenn sie dann noch 30 Minuten für den Rückweg brauchen, sind sie um 14.15 Uhr wieder in der Baker Street und somit rechtzeitig vor ihrer Verabredung um 14.30 Uhr.

Seite 123

Das Zeichen der Vier

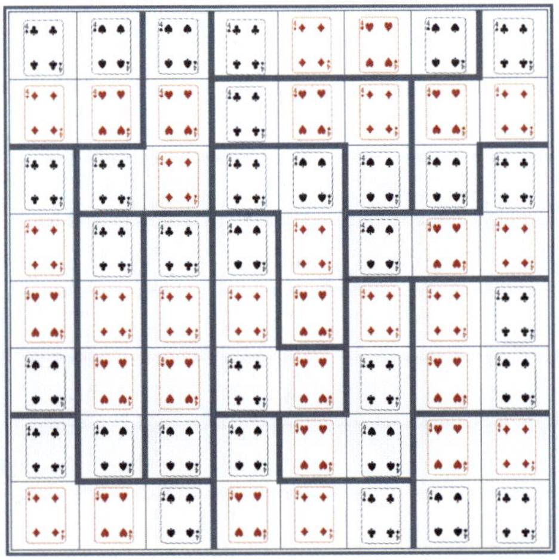

Seite 124

Erdverbunden

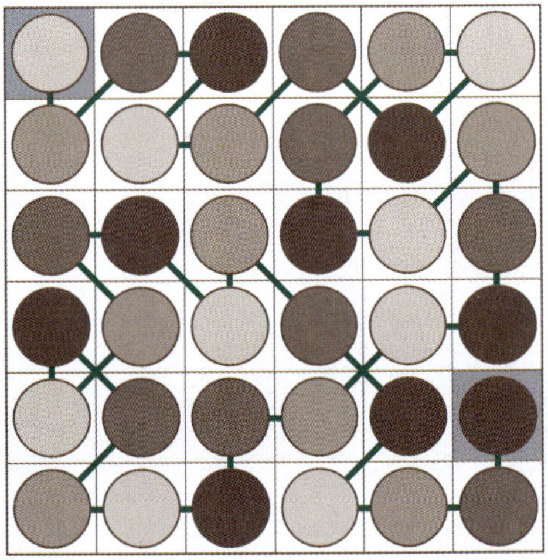

Seite 125

Auf dem Rad – Nach fünf Minuten. Es ist verlockend, hier mit dem kleinsten gemeinsamen Vielfachen zu rechnen, doch das ist nicht nötig, da es in der Frage heißt, sie alle würden eine gewisse Anzahl an Runden in fünf Minuten drehen.

Seite 126

Steindesign

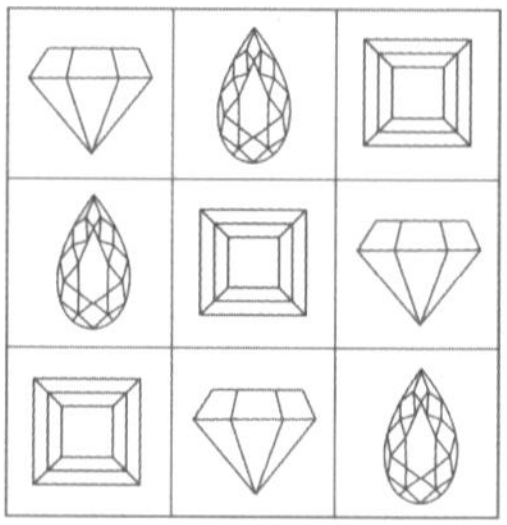

Seite 127

Schachbrett des Todes

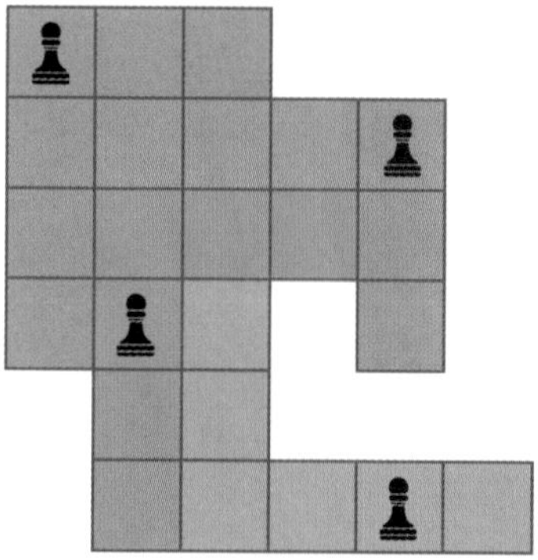

Seite 128

Bankraub – 200 Pfund aus der Bank von Mr Taylor und 700 Pfund aus der von Mr Williams.

Seite 129

Es werde Licht – Das Streichholz!

Seiten 130–131

Ein Schritt nach dem anderen – Der kurze Zeiger (Stunde) zeigt an, wie viele Schritte die beiden gehen müssen, und der lange Zeige (Minute) verrät ihnen, in welche Richtung (Norden, Osten, Süden oder Westen). Die erste Uhr zeigt also an, dass sie fünf Schritten nach Norden gehen müssen usw. Im Feld B10 sollten sie dann zu graben beginnen.

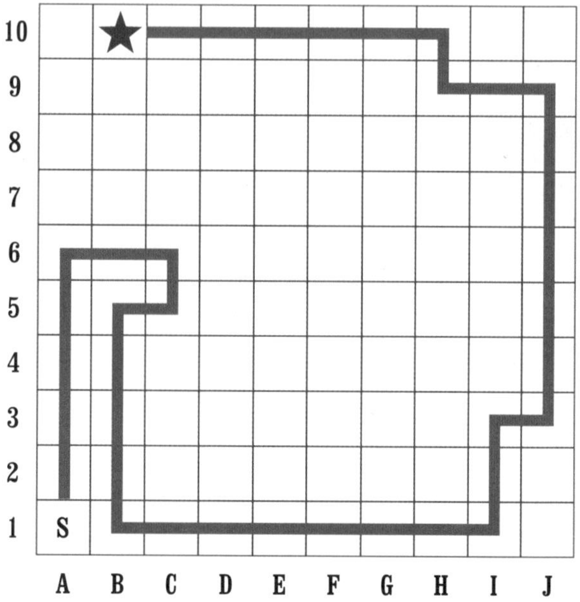

Seite 132

Wer trägt den Ring? – Irene Adler

Seite 133

Leiche im Zimmer

1) 3
2) Möbel
3) J
4) 12 Uhr
5) Hochachtungsvoll

Seite 134

Vertauschte Karten – Die Karo Drei und die Herz Sechs wurden gegeneinander ausgetauscht.

Seite 135

Da kommt was zusammen

Hochrad: 5, Kamera: 8, Mikroskop: 1, Briefmarke: 3

Seite 136

Schritt für Schritt – Es gibt mehrere Wege durch das Raster. Der schnellste umfasst acht Felder, somit besteht er aus sieben Zügen vom Ausgangspunkt aus (siehe unten).

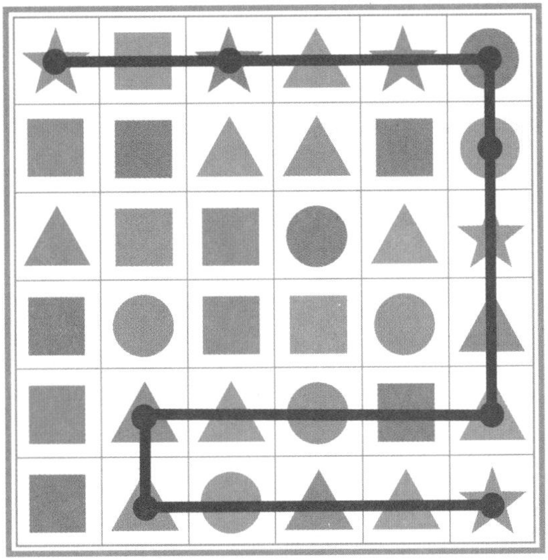

Seite 137

Bienenstock mit Buchstaben – ACD sind die Initialen von Arthur Conan Doyle.

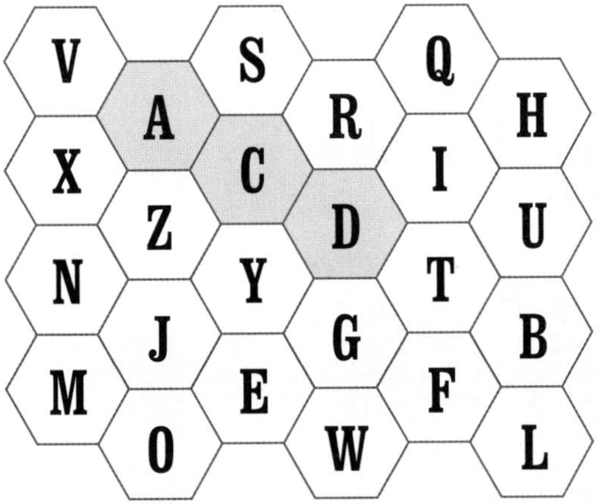

Seiten 138–141

Hochsicherheitstrakt und Zeit für Verbrechen – Diese Rätsel sind verteufelt schwierig und die Antworten dazu finden Sie ganz am Ende des Buches.

Seite 142

Verschwundener Füller

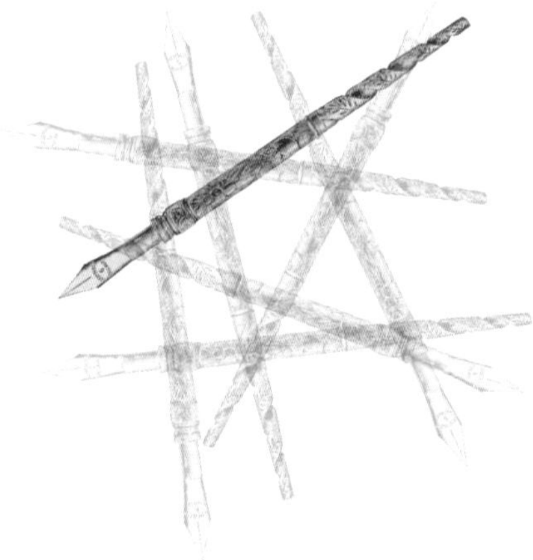

Seite 143

Kettenreaktion

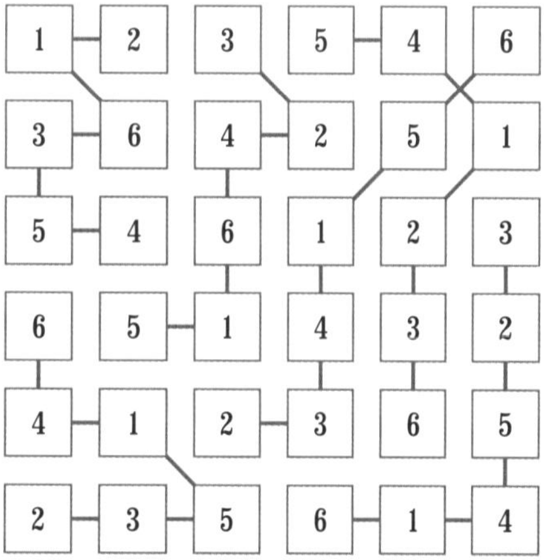

Seite 144

In der Schusslinie

Das markierte Feld ist der einzige Ort im Raster, an dem Sherlock sicher ist.

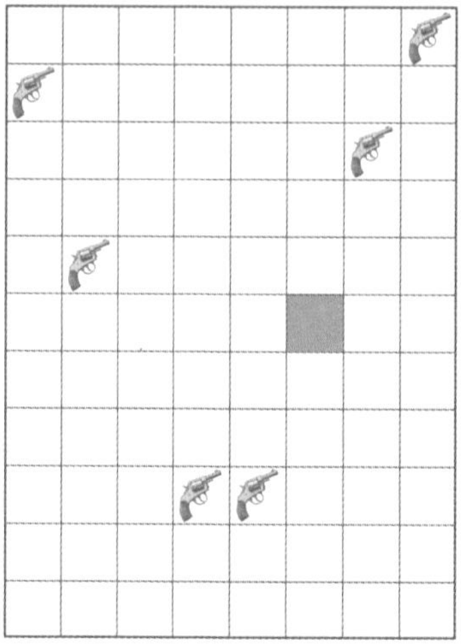

Seite 145

Sehen Sie selbst – Anstatt eines Drachens ist eine Katze abgebildet. Alle anderen Tiere gehören zu den chinesischen Sternzeichen, um die es in dem Artikel ging.

Seite 146

Droschken-Boom – Um 525 Prozent

Geheimcode – Jede Zeile des Codes ergibt eine Zeitangabe: 7.12 Uhr, 21.52 Uhr und 13.07 Uhr. Dies sind die Zeiten, zu denen jeder der drei Kriminellen mit dem Zug verschwinden will. Sie müssen es bis dahin nur schaffen, nicht von der Polizei geschnappt zu werden. Inspektor Lestrade muss nun also die genannten Zeiten mit den Abfahrtszeiten an der Paddington Station abgleichen und Beamte der Bahnhofspolizei an den Zügen postieren, um die Verbrecher im richtigen Moment abzufangen.

Seite 147

Gang zum Altar

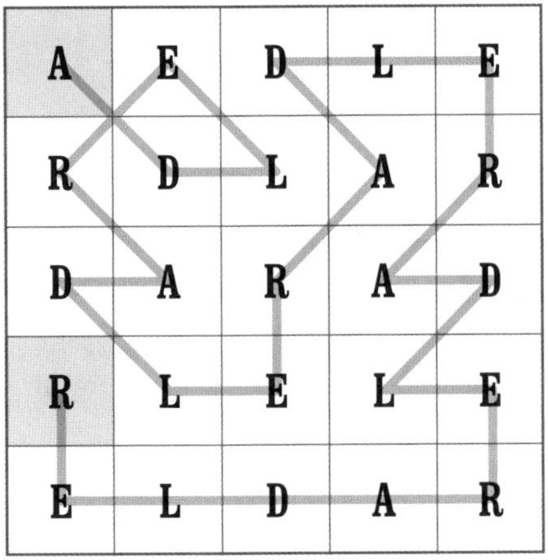

Seite 148

Das Schiff ist weg

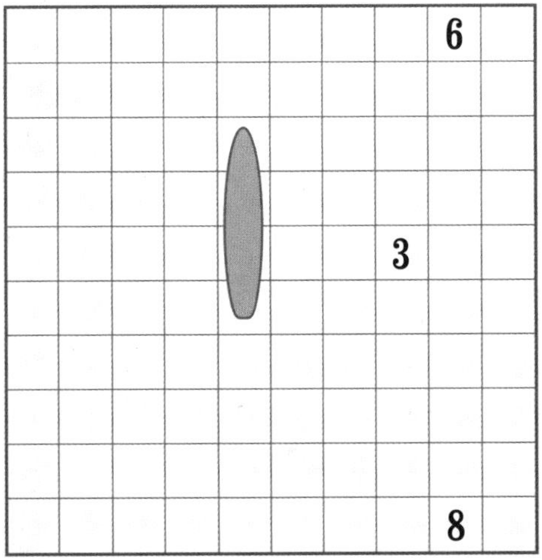

Seite 149

Eine Frage von Gewicht – Stern: 54, Tropfen: 22, Kerze: 10

Seite 150

Buchreihe – 426 und 1706. Das rechnerische Muster der Zahlenfolge lautet: Multipliziere mit vier und füge dann zwei hinzu.

Seite 151

Abendlektüre – Es wohnen tatsächlich nur drei Frauen im Haus, nämlich eine Großmutter, ihre Tochter und ihre Enkeltochter. Die Tochter der Großmutter ist sowohl eine Tochter als auch eine Mutter. Die Haushälterin hätte allerdings auch von zwei Müttern und drei Töchtern sprechen können, denn die Großmutter ist schließlich auch eine Tochter!

Seiten 152–153

Der Hut-Trick – Watson und Mrs Hudson sollten zum Royal Arcade Hat Store gehen, um Sherlock eine neue Mütze zu kaufen.

Seite 154

Personensuche – Holmes, Watson und Hudson

Bitte umblättern – 74

Seite 155

Nullen und Kreuze

X	0	X	X	0	X	0	X	0	0
0	X	X	0	0	X	X	0	0	X
0	X	0	X	X	0	0	X	X	0
X	0	0	X	0	0	X	X	0	X
X	0	X	0	0	X	0	0	X	X
0	X	X	0	X	X	0	0	X	0
0	X	0	X	X	0	X	X	0	0
X	0	0	X	0	X	0	0	X	X
X	0	X	0	X	0	X	X	0	0
0	X	0	0	X	0	X	0	X	X

Seite 156

Tausendmal probiert – Ändern Sie 102 in 10^2 und das Ergebnis ist 1000 (10×10^2).

Datenabgleich – Da 1898 kein Schaltjahr war, fand das Treffen am 19. Februar 1898 statt.

Seite 157

Verschlusssache

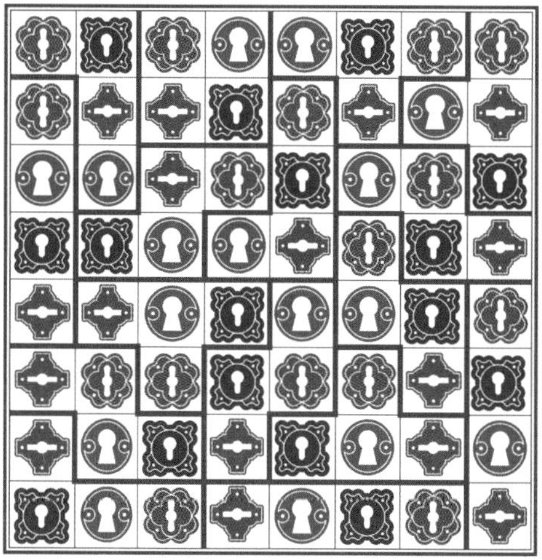

Seite 158

Einfach wie das ABC

		B	A		B	
	C	B		A		A
A			A	C	B	
C		C	B		A	A
B	B	A			C	C
A	A		C	B		B
	A	A			C	

Seite 159

Namensliste

N	N	A	E	N	O	T	S	D	A	L	G	W	A	B
C	O	N	A	N	D	O	Y	L	E	F	C	I	P	A
C	S	S	N	E	K	C	I	D	D	B	R	L	A	R
A	Y	K	R	C	F	C	Y	D	D	O	C	B	S	R
N	N	I	C	E	C	B	A	D	T	D	Y	E	T	E
I	N	P	C	A	D	R	A	C	R	A	C	R	E	T
G	E	L	C	U	W	N	I	C	R	A	D	F	U	T
H	T	I	C	I	R	V	A	E	C	D	H	O	R	B
T	B	N	N	L	N	I	K	T	P	C	E	R	L	R
I	F	G	F	E	L	C	E	E	T	C	E	C	L	O
N	A	F	E	B	A	E	E	E	E	E	A	E	O	W
G	F	U	F	H	F	L	B	E	D	C	R	A	R	N
A	Q	D	T	D	I	S	R	A	E	L	I	R	R	I
L	C	C	T	S	R	U	H	K	N	A	P	E	A	N
E	A	R	E	T	S	I	L	E	N	U	R	B	C	G

Seiten 160–161

Kulissenwechsel

Seiten 162–163

Recht und Unordnung

Name	Aufgabe	Beschreibung	Pausenzeit
Bennett	Verwaltung	Schnurrbart	14 Uhr
Hughes	Bewachung	Braune Augen	13.45 Uhr
Smith	Patrouille	Sehr groß	13.30 Uhr
Ward	Spurensicherung	Bart	13 Uhr
Wright	Verhör	Narbe	12 Uhr

Seite 164

Räderwerk – Brunel, der Nachname des Ingenieurs Isambard Kingdom Brunel

Moment der Wahrheit

Sie sollten den Bruder festnehmen, der „Ja“ sagt. Der Bruder, der immer die Wahrheit sagt, weiß, dass sein Bruder immer lügt, und antwortet deshalb wahrheitsgemäß, dass sein Bruder die Frage mit „Nein“ beantworten würde. Der Bruder, der immer lügt, weiß, dass sein Bruder „Nein“ sagen würde – deshalb lügt er und sagt „Ja“.

Seite 165

Zahlenknobelei

Seite 166

Häuser im Spiegel

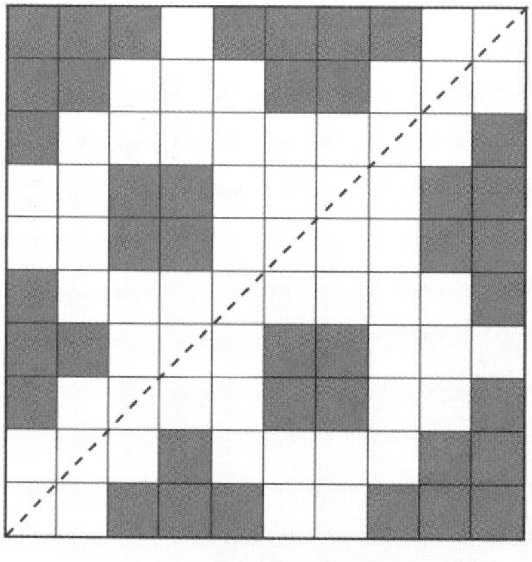

Seite 167

Zahlenlogik – Sie lauten 13, 21, 34, 55, 89 und 144. Die Zahlen sind Teil der Fibonacci-Folge, bei der jede neue Zahl sich aus der Summe der beiden vorherigen ergibt.

Seiten 168–169

Das ganze Bild – Der sehr bärtige Untermieter ist in Wirklichkeit eine verkleidete Frau, und deshalb sind Holmes und Watson so überrascht.

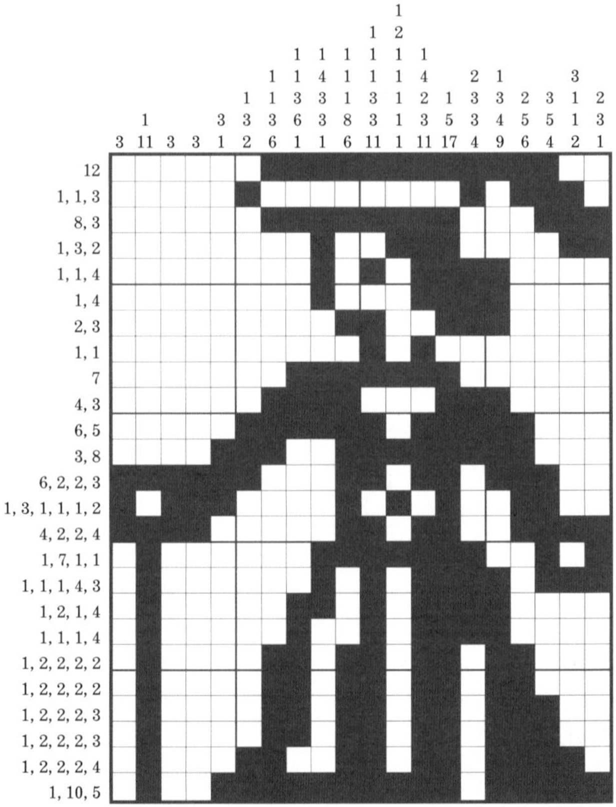

Seite 170

Gehirnzellen

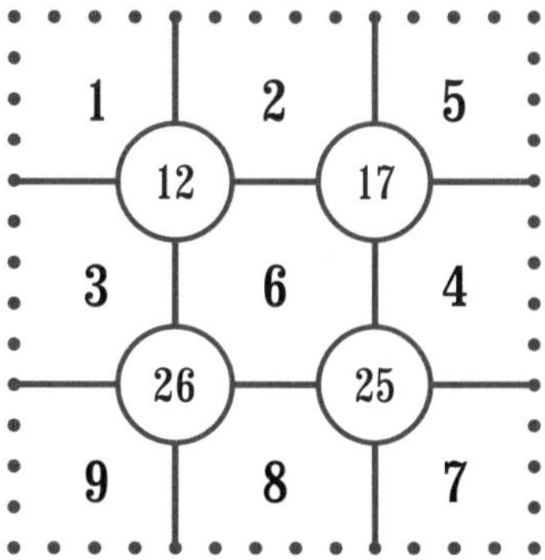

Seite 171

Immer der Linie nach

Mendeleev. Dmitri Mendeleev ist für die Entwicklung des Periodensystems der Elemente bekannt.

Seite 172

Von Ort zu Ort

E	T	S	E	C	U	O	L	G	Y
R	H	E	S	B	A	T	H	D	R
M	C	E	T	D	E	H	S	U	U
A	N	R	O	R	F	F	M	R	B
R	O	N	F	X	E	I	A	H	R
W	L	Y	K	O	L	D	N	T	E
I	O	O	R	O	N	C	A	E	E
C	T	R	B	L	D	O	N	L	D
H	S	I	M	A	H	G	M	R	S
E	X	E	T	E	R	N	I	I	B

Seite 173

Gezeichnet und versiegelt – D

Seite 174

Bohemian Rhapsody – Der Name taucht 17 Mal im Raster auf.

Seite 175

Knopfparade – 18 Mal

Seite 176

Jonglieren mit Tee – Die effizienteste Methode erfordert sieben Schritte. Die Tabelle zeigt die Menge an Tee in jeder Kanne am Ende eines jeden Schrittes:

Schritte	Kanne 1 8 Liter	Kanne 2 5 Liter	Kanne 3 3 Liter
Schritt 1	3	5	0
Schritt 2	3	2	3
Schritt 3	6	2	0
Schritt 4	6	0	2
Schritt 5	1	5	2
Schritt 6	1	4	3
Schritt 7	4	4	0

Seiten 140–141

Zeit für Verbrechen – Hebt man diejenigen Felder im unteren Raster farbig hervor, die den Positionen der Neunen im Rätsel entsprechen, ergibt sich der Name MACDONALD, der sich auf Inspektor Alec MacDonald bezieht, eine Figur aus den Sherlock-Holmes-Geschichten.

6	4	2	7	1	9	5	3	8
4	5	7	2	8	3	1	9	6
9	2	8	1	6	7	3	5	4
2	1	4	5	3	8	6	7	9
1	3	9	8	7	5	4	6	2
7	6	5	9	2	4	8	1	3
5	8	3	6	9	2	7	4	1
8	7	6	3	4	1	9	2	5
3	9	1	4	5	6	2	8	7

Seiten 138–139

Hochsicherheitstrakt

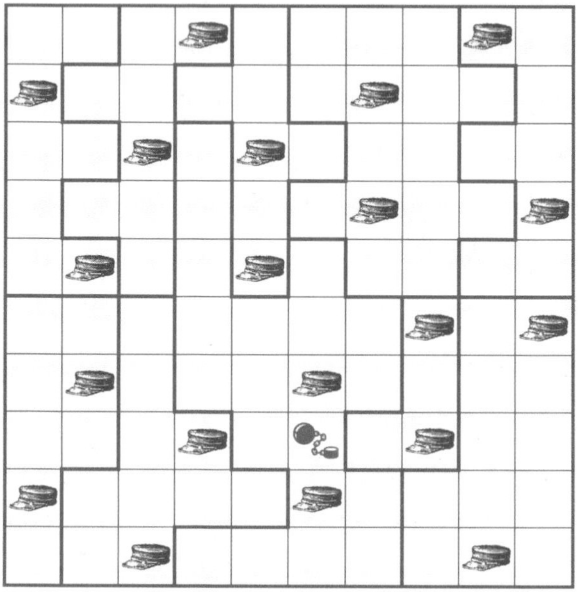

VERTEUFELT SCHWIERIGE LÖSUNGEN

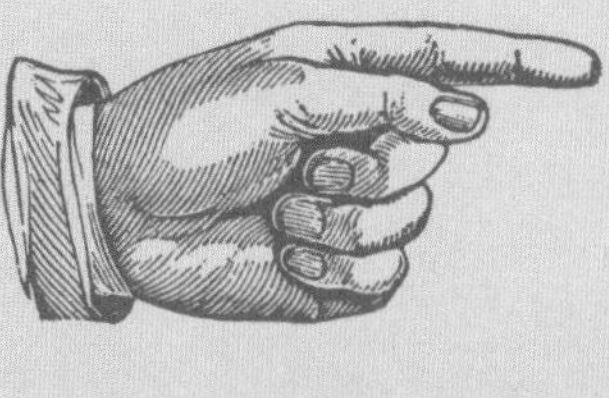

Seite 177

Ein Auge fürs Detail
Sieben

Seite 178

Schattenspiele – Da die Dreiecke sich ähneln und die entsprechenden Seiten dasselbe Größenverhältnis haben, ist der Schatten der Ulme 96 Fuß lang.

Seite 179

Prima Würfelrätsel – 15 von 36 möglichen Augenkombinationen ergeben eine Primzahl. Das entspricht einer Wahrscheinlichkeit von 5:12.

Zahlen und Türen – 21 Mal

Seite 180

Würfelsymbole – Dem angegebenen Weg zufolge zunächst eine Raute, dann ein Quadrat, danach ein Dreieck und zuletzt ein Stern.

Seite 181

Farbenspiel

Seiten 182–183

Identität und Diebstahl

Name	Haarfarbe	Alter	Alibi
Arthur	Schwarz	63	Schlachter
Bertha	Blond	45	Klavierstunde
Edward	Braun	32	Pub
Ethel	Rot	21	Schach
Thomas	Grau	18	Droschke

Seite 184

Rundherum

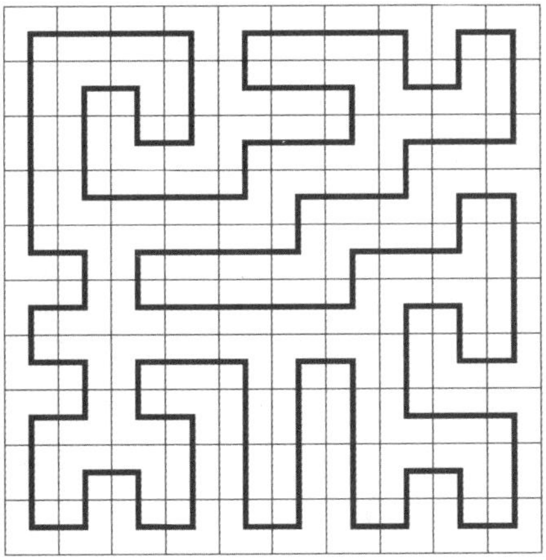

Seite 185

Unterwasserwissen

Unterwasserwissen – Die Anagramme ergeben „Oberstein“ (den Mörder) und „Valentine Walter“ (die Diebin).

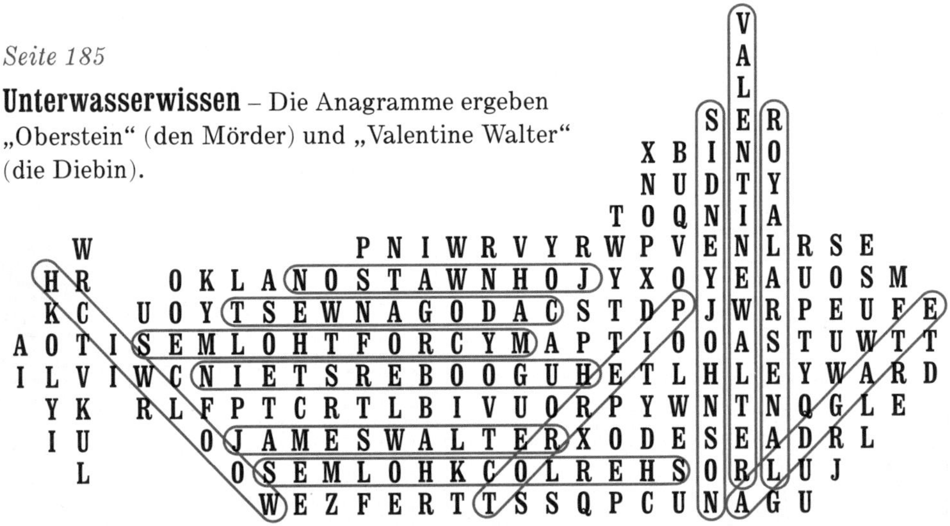

LONDON
LONDON